Meyer Der Tod ist kein Zufall

Hermann Meyer

Der Tod ist kein Zufall

Eine Chance für das Leben

KAILASH

KAILASH

Dieser Titel erschien zuerst 1990 unter dem Titel *Der Tod ist kein Zufall. Befreiung des verdrängten Lebens* im Sphinx Verlag, Basel.

Die Deutsche Bibliothek – CIP-Einheitsaufnahme
Meyer, Hermann:
Der Tod ist kein Zufall : eine Chance für das Leben /
Hermann Meyer. – 3. Aufl. der Neuausg. – Kreuzlingen ; München :
Hugendubel, 2000
(Kailash)
ISBN 3-89631-395-9

3. Auflage der Neuausgabe 2000

Umschlaggestaltung: Zembsch' Werkstatt, München
unter Verwendung des Fotos «Lichtbrechung am Prisma
auf Wasseroberfläche» (BAVARIA Bildagentur, Gauting)
Produktion: Maximiliane Seidl
Satz: Jung Satzcentrum, Lahnau
Druck und Bindung: Huber, Dießen
Printed in Germany

ISBN 3-89631-395-9

INHALT

Vorwort 7

I DENKVORAUSSETZUNGEN 11

Schicksalsgesetze 22
‹Altersschwäche› kommt nicht von ungefähr 27
Der Tod als Abwehr- und Anpassungsmechanismus 31
Früher Tod – Die Störung des ökologischen Gleichgewichts 32
Krise und Krankheit – Eine Chance zur Umkehr 40

II ZEHN TODESURSACHEN 51

Wegfall einer Hauptkompensations- oder Projektionsfläche 53
Das Konsequenzprinzip (Wer A sagt, muß auch B sagen) 61
Der Werther-Effekt 71
Kein Weg und kein Ziel 75
Ausweglosigkeit 81
Pränatale Seelenprägung 93
Naivität und irreales positives Denken 103
‹Edle› Maßstäbe 107
Verdrängte Sexualität und verdrängte Aggression 111
Fixierung und Wahn 129

III TODESPROPHYLAXE 139

Selbsterkenntnis 141
Eine Zukunftsvision 153
Ausbildung von Anlagen 169
Durchsetzungsfähigkeit 179
Kommunikationsfähigkeit 183
Empfindungsfähigkeit 189
Verantwortungsfähigkeit 197
Schlußwort 201

ANHANG 202
BIBLIOGRAPHIE 218

VORWORT

Dieses Buch setzt die Gedanken von *Gesetze des Schicksals* fort und versucht, die Konsequenz zu ziehen, daß nicht nur das Schicksal, sondern auch der Tod meist unbewußten Gesetzmäßigkeiten folgt. Wenn ein Mensch im Alter von 30 oder 35 Jahren aufgrund eines Verkehrsunfalles aus der Blüte seines Lebens gerissen wird, spricht man von einem bedauerlichen ‹Zufall›. Daß diesem ‹Zufall› meistens jedoch eine Gesetzmäßigkeit zugrunde liegt, bleibt oft verborgen. Es geht in diesem Buch darum, die im Unbewußten vorhandenen Mechanismen, die zum Tode führen, aufzuzeigen. Indem psychosomatisches Wissen nicht nur auf Krankheiten beschränkt bleibt, sondern auch auf den Tod angewendet wird, ergibt sich bei einem solchen Ableben ein völlig anderes Bild. Der Tod ist in diesen Fällen nur das letzte Glied einer langen Kette und immer, sofern er nicht aufgrund von Altersschwäche eintritt, eine unbewußte Selbsttötung. So ist nicht die überhöhte Geschwindigkeit bei einem Unfall die *wahre* Todesursache, sondern ein unbewußt ausgelöster Selbstvernichtungsmechanismus. Das Unbewußte weiß keinen anderen Ausweg mehr, als auf Selbstvernichtung zu schalten.

Als ich dieses Buch zu schreiben begann, sagten manche zu mir: Hast du schon mal daran gedacht, daß es ein Frevel oder Blasphemie sein könnte, wenn du nicht einmal vor dem Tod zurückschreckst, wenn du versuchst, ihm auf die Schliche zu kommen? Irgendwo muß auch mit der Enttabuisierung Schluß sein!

Irgendwo muß man auch Halt machen! Ich empfand es jedoch umgekehrt, nämlich, daß es unverantwortlich ist, Wissen zurückzuhalten, wenn dadurch vielleicht Leben bewahrt werden kann.

Ich bin heute überzeugt, daß es wichtig und notwendig ist, die unbewußten Todesursachen, die Mechanismen, die zum Tode führen, aufzudecken, bewußtzumachen und Alternativen aufzuzeigen.

In all den Jahren meiner Praxis habe ich immer wieder dieselben Muster und Programme gesehen, die zum Tode führen. Es haben sich dabei zehn unbewußte Todesursachen herauskristallisiert, die ich im zweiten Teil des Buches näher erläutern werde. Ich behaupte nicht, daß es nicht auch mehr sein können. Es kann auch sein, daß ich eine wichtige Ursache vergessen habe, weil ich dort womöglich selbst einen blinden Fleck habe.

Im dritten Teil des Buches werde ich zeigen, wie schwierig es ist, das Bewußtgemachte in die Praxis des Lebens umzusetzen. Das Wissen um die Gesetzmäßigkeiten verhindert leider noch lange nicht, zu früh sterben zu müssen.

Trotz all dieser Vorbehalte wurde dieses Buch geschrieben, um dem einzelnen die Chance zu eröffnen, (unbewußte) Todesdispositionen zu erkennen und eventuell zu löschen. So wichtig es ist, daß in neuerer Zeit Anstrengungen in Richtung ‹humanes Sterben› gemacht werden, so darf dies doch nicht darüber hinwegtäuschen, daß damit nicht die Ursachen bekämpft werden. Wichtiger ist es, daß der Tod im Vorfeld verhindert wird, daß unbewältigte Konflikte gelöst werden können und Fähigkeiten erworben werden, die den Tod als ‹Ausweg› überflüssig machen.

Der erste Teil des Buches führt in das Thema ein. Er zeigt auf, daß das Persönlichkeitssystem des Menschen ein sensibles ökologisches System darstellt. Die häufigsten Störfaktoren (zehn Todesursachen), die dieses empfindliche System aus dem Gleichgewicht bringen können, werden dann im Hauptteil näher betrachtet und anhand von Beispielen aus meiner Praxis erläutert.

Der letzte Teil des Buches befaßt sich schließlich mit der ‹Todesprophylaxe›, also mit der Frage: Welche Möglichkeiten bestehen, einen zu frühen Tod zu verhindern?

Das Hauptaugenmerk liegt dabei auf der Ausbildung von menschlichen Anlagen, die den einzelnen nicht nur lebendiger und interessanter machen, sondern ihn auch befähigen, die ‹Fahrt in den Abgrund› zu stoppen, das Ruder herumzureißen und Alternativen zu erkennen.

Alles hängt davon ab, daß wir nicht mehr vor scheinbar unabänderlichen Verhältnissen oder Schicksalsschlägen kapitulieren, sondern die Fähigkeiten erwerben, die zur Konfliktbewältigung notwendig sind, daß wir uns selbst ‹managen› können, daß ein konstruktiver Aufbau in unserem Leben möglich wird. Indem wir Hemmungen und Blockaden, die das patriarchale* System mit seiner Moral und seinen Konventionen in unserer Seele erzeugt hat, aufdecken, werden plötzlich tausend Auswege möglich, die wir vorher nicht sehen konnten.

Intention dieses Buches ist es, das Tod-Schweigen zu brechen, die Angst vor dem Tod zu minimieren. Solange der Tod nur als unergründlicher Ratschluß der Götter angesehen wird, als rätselhaft und transzendent, und daher unberechenbar erscheint, ist er grausam und abstoßend – und macht Angst. In dem Moment, in dem wir erkennen, daß er von uns unbewußt beeinflußt wird und daß hier Gesetzmäßigkeiten zugrunde liegen, die von jedem erkannt werden können, verliert er seinen Schrecken, wird ‹durchschaubar› und wird – das ist kein bloßes Lippenbekenntnis – wirklich zu einem Freund.

* Da der Begriff Patriarchat eine Schlüsselstellung in meinem Verständnis einnimmt, hier eine kurze Definition: Patriarchat bedeutet eigentlich ‹Herrschaft der Väter›. Es ist die Phase in der Menschheitsgeschichte, in der, wie Ernest Bornemann schreibt, «der Mann die Frau tatsächlich beherrscht».

DENKVORAUSSETZUNGEN

Im vorigen Jahrhundert formulierte der französische Physiologe Claude Bernard: «Alle Lebensvorgänge, wie verschieden sie auch immer sein mögen, haben nur ein einziges Ziel, das ist, die Bedingungen des Lebens im inneren Milieu konstant zu halten.» Für diesen Zustand des inneren Gleichgewichts wurde der Begriff der *Homöostase* geprägt.

Um die Homöostase aufrecht zu erhalten und damit das Leben, müssen die *Fähigkeiten* eines Lebewesens hierzu geeignet sein und entsprechend entwickelt werden. Im menschlichen Bereich wird die Entwicklung durch ererbte Anlagen und durch den Umwelteinfluß geprägt, wobei der Streit der Psychologen, welche Seite mehr Einfluß auf das Verhalten des Individuums ausübt, nach wie vor unentschieden ist.

Die physiologische Forschung hat sehr genau die Fähigkeit der einzelnen Organe, die die Homöostase im Zusammenspiel mit dem Gesamtorganismus aufrechterhalten, untersucht. Sie wies nach, daß diese Fähigkeiten im Zusammenhang mit den vererbten genetischen Informationen stehen. Da der Mensch kein ortsgebundener Organismus ist, wie zum Beispiel die Pflanze, müssen bei ihm Verhaltensfähigkeiten hinzukommen, die die Aufrechterhaltung der Homöostase bei der Ortsveränderung und dem Austausch zwischen Mensch und Umwelt gewährleisten.

Bei oberflächlicher Betrachtung bietet sich die Unterscheidung in organische, also materiell somatische Ebene (Außenwelt) und Verhaltensebene, also nichtmaterielle, psychische Ebene (Innenwelt) an, und wir unterscheiden in unserem alltäglichen Bewußtsein diese beiden Ebenen ständig. Bei Analyse der Hintergründe zeigt es sich aber, daß beide Ebenen miteinander verknüpft sind, sie entsprechen sich. Nur ist es uns meistens nicht bewußt, daß das, was uns in der Außenwelt begegnet, lediglich die Projektion der innerseelischen Situation nach außen darstellt. Es ist uns deshalb nicht bewußt, weil es sich bei den äußeren Erscheinungen um die verdrängten Bereiche, die ‹Schatten› unserer Seele handelt. Beispielsweise ist vielen in der Praxis arbeitenden Ärzten bekannt, daß Erkrankungen im Magen-Darmtrakt einhergehen mit Problemen im Umgang mit und bei der Verdauung von seelischen Eindrücken und Gefühlen und daß sie oftmals in Zusammenhang mit der Beziehung zur Mutter stehen. Körper und Seele bilden eine *‹psycho-somatische› Einheit.*

Im Anhang dieses Buches sind die grundlegenden *psychischen Fähigkeiten* aufgezeichnet, die in jedem Menschen verankert sind, mit denen er geboren wird und die er im Laufe seines Lebens entwickeln muß. Es sind dies Grundbedürfnisse menschlichen Verhaltens, wobei deren blockierte Entwicklung und Verwirklichung Störungen der Homöostase, des inneren und äußeren Gleichgewichts des Persönlichkeitssystems nach sich ziehen, die zur Beeinträchtigung des Lebens bis hin zum Tod führen können.

Jede *Anlagenenergie* drängt, ob erwünscht oder unerwünscht, auf Realisierung. Da sich das Selbst des Menschen aus Innen und Außen, Psyche und Umwelt zusammensetzt, gibt es zwei Möglichkeiten mit ihr umzugehen. Entweder macht man sich die Anlage bewußt und lebt sie über die Psyche in welcher Form auch immer aus, was den Vorteil hat, daß man die Art und Weise ihrer Realisierung mitbestimmen kann. Oder man verdrängt sie, und sie realisiert sich im zweiten Teil des Selbst, in der Umwelt, im Erleben, als Schicksal (z. B. Unfall, Operation, Konkurs), mit dem Nachteil, diesem Schicksal ohne Eingriffsmöglichkeit und ohne Verständnis ausgeliefert zu sein.

Die *Individualität* des einzelnen besteht darin, daß jeder die allgemein menschlichen Fähigkeiten in den unterschiedlichsten Bereichen des Lebens verwirklichen möchte und viele der Fähigkeiten sich in unterschiedlicher Art und von Mensch zu Mensch verschieden gegenseitig beeinflussen. So verwendet der eine seine Fähigkeiten zum Schreiben, um seine wissenschaftlichen Forschungsergebnisse mitzuteilen, der andere möchte seine Kreativität über literarisches Schaffen entfalten, und wieder ein anderer schreibt Gebrauchsanweisungen, Kochbücher oder Liebesbriefe. Um die Fähigkeit so zu leben, wie es der Individualität entspricht, bedarf es der *Unabhängigkeit* und *Selbstbestimmtheit.*

Bei der Fülle der allgemeinmenschlichen Fähigkeiten stellt sich unwillkürlich die Frage, warum die Menschen in der Regel immer nur einen Teil dieser Fähigkeiten bei sich zulassen und zudem versuchen, sie nur in einer sehr begrenzten Form zu entwikkeln. Warum werden andere Fähigkeiten ins Dunkel des Unbewußten *verdrängt,* warum bleiben sie im Schatten?

Die Psychologie sieht die Prägung und Entwicklung des Individuums als eine Wechselwirkung zwischen der ins Leben mitgebrachten Anlage und der Umwelt, die zunächst in Form der Eltern und deren Lebenssituation schon in der Schwangerschaft (pränatal) dem Kind begegnet. Das Leben und Erleben der Eltern, ihre Erziehungsbemühungen, ihre Vorstellungen von Gut und Böse, die davon abgeleiteten Erziehungsmaßstäbe und später die Erfahrungen im gesellschaftlichen Umfeld, im Kindergarten und in der Schule, haben einen entscheidenden Einfluß darauf, welche Anlage das Kind zeigen, und in welcher begrenzten Form es sie entwickeln darf. Diese ‹Instanzen› prägen dem Kind auch ein, welche Anlagen es vor dem Bewußtsein der Öffentlichkeit und in Folge vor dem eigenen Bewußtsein verstecken muß, um nicht die für jedes Kind existenziell wichtige *Anerkennung* der Eltern und der Öffentlichkeit zu verlieren. Es gräbt sich im kindlichen Gewissen ein, daß bestimmte Anlagen davon ‹böse› sind, und das Zeigen und Leben dieser Anlagen *schuldig* an den elterlichen Geboten macht. Übertritt es die elterlichen Gebote, stellen sich prompt Schuldgefühle ein, die es über Wiedergutmachungs- oder Selbstbestrafungsrituale zu besänftigen versucht.

In der Regel orientieren sich die Eltern in ihrem Handeln an den Normen, Idealen, Geboten, der Moral und Ethik ihrer jeweiligen Gruppe bzw. Gesellschaft und der von ihr entwickelten Kultur. Aus ihr stammen letztlich die Kriterien für ‹gut› und ‹böse›. Diese Orientierung ist auch von der Zeit abhängig, in der die Eltern leben, und somit den jeweils herrschenden politischen Interessen und deren Wandlungen unterworfen und damit relativ. Das zur Zeit vertretene ‹Gute› und ‹Richtige› kann morgen schon das ‹Böse› und ‹Falsche› sein. Denken Sie sich nur etwa fünfzig Jahre zurück, und Sie befinden sich in einer ganz anderen Welt der Normen und Werte, und dies gilt sogar für die angeblich wertfreien Wissenschaften.

Das noch nicht selbständig lebensfähige Kind ist in der Phase seiner *Sozialisierung* gezwungen, Mechanismen und Verhaltensmuster der *Anpassung* an die elterlichen Forderungen und der *Abwehr* eigener Anlagenteile und -formen zu entwickeln (*Sublimierung, Regression* in frühkindliches Verhalten, *Imitation* der Elternrolle, *Identifikation* mit einer bestimmten Rolle, *Rationalisierung, Verdrängung* und *Projektion* nach Außen, *Somatisierung, symbolisches Ausagieren, Reaktionsbildung*).

Dieses Verhaltenskonzept sichert dem Kind zwar das Überleben, ist also mithin Schutz, läßt aber nur die Entwicklung einer Scheinidentität zu. Die innere individuelle Wirklichkeit, die wahre ‹erste Natur› des Kindes und später des Erwachsenen bleibt hinter dieser ‹zweiten Natur› verborgen. Sie schläft (ist unbewußt), wie ehedem Dornröschen schlief. Dennoch drängt sie aus dem Unbewußten heraus auf Verwirklichung. Aus dem daraus folgenden Konflikt zwischen den beiden Naturen entsteht die *Neurose,* das neurotische Handeln.

Aufzuwachen und zur ersten Natur vorzudringen, die eigene innere Wirklichkeit zu entwickeln und leben zu können, macht aber das eigentliche Glück des Menschen aus. In der zweiten Natur zu verharren, bedeutet am Glück, an der Erfüllung vorbeizugehen und in einem zwar durch Anpassungs- und Abwehrmechanismen ausgeglichenen (Homöostase), aber *neurotischen System* (Persönlichkeitssystem, Familiensystem, Gesellschaftssystem) zu leben.

Die Sehnsucht nach Entwicklung, Erfüllung und Lebenssinn, die aus dem Anlagendefizit wächst, versucht der Mensch solange er in der patriarchalen Kultur (Kollektivneurose) verharrt, über Ersatz zu stillen (*Kompensation* des Defizits). Dieser Ersatz ist unbedingt notwendig, um das eigene neurotische Persönlichkeitssystem ausgeglichen zu halten. Die Kompensation ist eine *neurotische Kompromißbildung* zwischen wahrer und mangelhaft ausgebildeter Anlage.

Anstatt sich aus unpassenden Verhältnissen (entfremdete Arbeit, unbefriedigende Partnerschaft etc.) zu befreien, geht ein Mensch etwa zum Drachenfliegen (symbolisches Ausagieren = symbolische Befreiung), und je beengender die Verhältnisse werden, desto mehr investiert er in den Ersatz, in die Kompensation. Anstatt die eigene Handlungsfähigkeit zuzulassen, projiziert er sie auf Stars im Sport- und Showgeschäft, und anstatt die Verantwortung für seine Entwicklung selbst zu übernehmen, überträgt er sie auf Autoritäten, die an Stelle der Eltern im späteren Leben auftauchen. Eher ‹nimmt› er sich eine Krankheit (Somatisierung), um sich über sie von einer unpassenden Arbeit zu befreien, als daß er sich zu seinem Bedürfnis nach sinnvoller Arbeit oder mehr Freizeit bekennt. Selbst die sinnloseste Arbeit versucht er vor sich und der Öffentlichkeit als sinnvoll darzustellen (Rationalisierung). In der psychischen Reaktion auf gegenwärtige Umweltreize bedient er sich Handlungsmustern, die aus weit in der Vergangenheit zurückliegenden traumatischen Erfahrungen stammen (neurotische Reaktionsbildung).

Je besser es der einzelne versteht, die Kultur und die auf ihr basierende Gesellschaft unangetastet zu lassen, je besser er also die Spielregeln in der Anwendung der Anpassungs- und Abwehrmechanismen innerhalb der Kollektivneurose beherrscht, desto mehr *Anerkennung* und Ehre wird ihm als Ersatz für seine unterdrückte erste Natur geboten.

Der moderne, ‹aufgeklärte› Mensch entscheidet sich immer wieder aus Angst vor der ‹Schuld› für die Normalität, Mittelmäßigkeit und Wohlanständigkeit. Und so gilt es bei ihm als normal, mit 200 Stundenkilometern auf dem Motorrad über die Autobahn zu rasen (symbolisches Ausagieren), und es erscheint ihm ohne erkennbare Ursache, wenn er für sein erstarrtes Leben mit einer chronischen Krankheit bezahlt. Auch scheint es ihm oft ohne Zusammenhang mit der kulturellen Situation, in der wir leben, wenn die blockierte Sehnsucht nach der eigenen Verwirklichung in die Sucht führt. In unserer Gesellschaft ist ein Mensch oft nur dann anerkannt und ‹oben›, wenn er bestimmte Produkte erwirbt, wenn er etwa Kleider von bekannten Herstellern trägt, wenn er eine bestimmte Automarke fährt oder eine bestimmte Zigarettenmarke raucht. Bei all dem Streben nach Befriedigung seiner Anerkennungssucht vergißt der Betreffende nur allzuoft, daß die Anerkennung nicht wirklich ihm selbst gilt, sondern seinen perfekt gespielten Rollen und seinen teuren Symbolen, die als Ersatz für seine wirklichen Anlagen fungieren.

Fehler in der Zivilisation und der aus ihr hervorgehenden Kultur, die schon in dem der patriarchalen Kultur zugrundeliegenden Denken stecken, werden durch individuelle und kollektive, neurotische Verhaltensweisen ausgeglichen. Der einzelne wird zur *Opferung* seiner ersten Natur verpflichtet, um den kollektiven Überbau (Kultur) – sei er noch so lebensfeindlich – zu retten. Erst wenn das Opfer, das der einzelne zu bringen hat, zu groß wird, zu sehr ins Leid führt, zu sehr die Existenz in Frage stellt (Schicksalsschlag, Katastrophe, Krieg), beginnt das neurotisch kompensierte System des Individuums oder des Kollektivs zusammenzubrechen. Es eröffnet sich oftmals erst bei akuter Lebensgefahr die Chance zum Zweifel am Überkommenen und zur Erkenntnis, daß es im Leben um die Überwindung eines falschen Zaubers, die Erlösung durch die Verwirklichung der Anlagen des Selbst geht und daß darin das eigentliche Glück liegt.

Solange der Mensch sich ausschließlich einem äußeren System gegenüber verantwortlich glaubt, ohne sich der *Verantwortung gegenüber seinem Selbst* bewußt geworden zu sein, kann er nur in Ausnahmefällen seine Anlagen tatsächlich ausleben. Normalerweise bleibt ihm nur die Verdrängung der Anlagen, so daß er in seinen Fähigkeiten gehemmt und hilflos ist. Er befindet sich mit seiner Anlage hoffnungslos im Minuspol*. Es ist dies die Regression in die *Kindrolle,* in der er sich ständig an von anderen bestimmte Situationen und Bedingungen anzupassen hat und nur das haben kann, was von anderen übrig gelassen wurde. Sein Platz ist trotz aller Rechtschaffenheit, Pflichttreue, Unterordnung und allem Fleiß, oder gerade deswegen, die Hintertreppe des Lebens. Er lebt aus ‹zweiter Hand›. Er lebt nicht seine Anlagen, sondern er-lebt sie als von außen auf sich zukommend, in Form besonders harter Schicksalsschläge. Zum Ausgleich benötigt er nun in seinem Umfeld Menschen, die die zweite vom Patriarchat zugelassene Entwicklung vollzogen haben, die Elternrollenspieler, die in der Lage sind, den Gehemmten fremdzubestimmen, zu bevormunden, zu maßregeln, zu belehren, die Spezialisten, die dem Hilflosen helfen.

Der *Elternrollenspieler* imitiert seine Eltern und orientiert die Entwicklung seiner Anlagen an der Norm. Er befindet sich mit seiner Anlage im Pluspol, er hat sein Anlagendefizit durch normgemäße Inhalte (Know How, Aufstieg in der Hierarchie, Firmen- und Vereinsgründungen, Statussymbole, Besitz, Hobby, Manieren etc.) kompensiert. Damit ist er im Gegensatz zu dem Kindrollenspieler selbst in der Lage, seine Anlagenenergie zu leben, so daß sich diese Energie nicht mehr über von außen kommende Schickssalschläge ausgleichen muß. Dabei ist die Form der Anlage durch die Orientierung an der Norm oftmals bis zur Unkenntlichkeit entstellt. In seiner wahren Individualität ist er ebenso gehemmt wie der Kindrollenspieler. Aber er lebt ‹first class›, indem er die Kindrollenspieler für seine Interessen arbeiten läßt. Und diese sind ihm noch dankbar für die entfremdete, weil nicht zu ihrer Individualität passende Arbeit

* Plus- und Minuspol sind keine Bewertungen. Sie sind nur verschiedene Auslebensformen ein und derselben Anlage. Siehe hierzu auch *Gesetze des Schicksals,* Seite 16ff.

und einen Lohn, der gerade ausreicht, die Grundbedürfnisse zu befriedigen.

Durch die Verbindung von Kind- und Elternrollenspieler wird jenes aus der Kindheit bekannte und vertraute *Ökosystem* hergestellt, in dem die Homöostase trotz erheblicher Defizite in den eigenen Fähigkeiten erreicht werden kann. Diese Lebensform gleicht der aus der Biologie bekannten *Symbiose*. Ihr Nachteil besteht darin, daß der eine nicht ohne den anderen lebensfähig ist, der eine den anderen auch nicht zum Zwecke seiner Entwicklung freigeben kann. Denn die Entwicklung einer Seite führt zur Störung des äußerst empfindlichen Gleichgewichts der symbiotischen Einheit. So beschränkt sich die Beziehung weitgehend auf gegenseitige Bestätigung und Anerkennung und eifersüchtiges Überwachen des ‹Status Quo›, wobei eventuelle Entwicklungstendenzen des anderen schon im Entstehen bekämpft werden müssen, weil sie die eigene Lebensfähigkeit in Frage stellen.

Die kunstvolle Verflechtung der miteinander in Symbiose lebenden Menschen besteht darin, daß die Partner auf den unterschiedlichsten Ebenen wechselweise mal die Kindrolle und mal die Elternrolle übernehmen. Symbiose ist dabei nicht nur auf die Zweierbeziehung beschränkt, sondern sie existiert auch im innergesellschaftlichen und transgesellschaftlichen Rahmen, sozusagen weltweit.

Der *Spezialist* ist immer für seinen kleinen Bereich *Elternrollenspieler*. So ist auch jeder Elternrollenspieler ein Spezialist, der sich dadurch auszeichnet, daß er von sehr wenigem sehr viel versteht, daß er nur in sehr wenigem kompetent ist. Die Anerkennung (Meisterbrief, Amt, Würde) verleitet ihn jedoch dazu, seine Kompetenz zu überschätzen und sie nach und nach auszudehnen, so daß er glaubt, zu allem und jedem das Richtige sagen (z. B. der Politiker), alles und jeden richtig beurteilen zu können. Da er sich bei seiner Beurteilung von den Maßstäben der gesellschaftlichen ‹Mitte› oder dem ‹gesunden Volksempfinden› leiten läßt, muß er jedes eigene Empfinden und Gefühl, jede eigene geistige Regung oder jede spontane Handlung, die einen

Zweifel an der Richtigkeit der Maßstäbe der ‹Mitte› aufkommen läßt oder sogar im Widerspruch zu ihnen steht, unterdrücken. In seinem Fühlen, Denken und Verhalten entfernt er sich so immer mehr von seiner inneren Wirklichkeit, *seiner wahren Mitte*. Er empfindet, fühlt, denkt und handelt in den verschiedenen Lebenssituationen so, wie er glaubt, daß man zu empfinden, fühlen, denken und zu handeln hat, um in der Öffentlichkeit als ordentlich und moralisch anerkannt zu werden. Sein Defizit an echtem Gefühl, eigenem Denken und kreativem Handeln wird mit Fühlen, Denken und Handeln gemäß der Norm kompensiert. Menschliche Wärme verkehrt sich dadurch in Kälte, und menschliche Individualität verkommt zur Uniformität, weil der wahre Mensch hinter der Norm verschwindet.

Als Ausgleich darf sich dann die Individualität im Unwesentlichen, im Ersatz zeigen, anstatt daß er den Drachen tötet, der eifersüchtig über den ‹Status Quo›, die Erstarrung, wacht. Aus der Mythologie weiß der Mensch, daß er diesen Kampf wagen muß, will er das große Ziel erreichen, als Mensch erwachsen werden und die drei Kardinaltugenden des griechischen Philosophen Plato erringen: den Mut (Andreia) zur Lebendigkeit seines Selbst, die Einsicht in das Leben und Weisheit (Phronesis/Sophia) und die Herrschaft über sein Selbst, die Selbstbestimmtheit (Sophrosyne) im Leben.

Der *erwachsene Mensch* hat sich unabhängig von den äußeren Maßstäben, Normen und gesellschaftlichen Gepflogenheiten die Anlagen seines Selbst bewußt gemacht und in der Auseinandersetzung mit dem Leben und der Lebendigkeit entwickelt. Er ist auf diesem Wege zu einem Wissenden um seine eigene innere und äußere Wirklichkeit geworden. Innen und Außen sind für ihn kein Gegensatz mehr, da er sich in seinem Bewußtsein über das lineare (Ursache-Wirkung) und polare Denken (‹Gut›-‹Böse›) erhoben hat und die Welt (außen) in ihrer wechselseitigen Bedingtheit und gleichnishaften Entsprechung zur Seele (innen) erkannt hat. Er denkt ganzheitlich und folgerichtig. In seinem Handeln läßt er sich ausschließlich von seinen geistigen Bildern (eigene Meinung) leiten, die tief im Wissen ihre Wurzeln haben. Alle Kreativität zielt auf die Verwirklichung dieser Bilder, und diese Arbeit hinterläßt in ihm das Gefühl von Frieden und Glück.

SCHICKSALSGESETZE

Auf dem Entwicklungsweg hin zur ausgelebten Anlage, zum erwachsenen Menschen, sind es zehn Schicksalsgesetze, die das Leben und Erleben steuern.* Da sie für das Verständnis von Krankheit und verfrühtem Tod von großer Bedeutung sind, seien sie nachfolgend kurz dargestellt:

Das *Gesetz der Entwicklung* besagt, daß jedes Lebewesen ein offenes, dynamisches System darstellt, daß alles, was lebt, stets in Entwicklung ist. Die Entwicklung von der Geburt bis zum Tod geht – je nach Terminologie – über die orale, anale und genitale Phase, über die Larve, die Puppe und den Schmetterling beziehungsweise über die Kindrolle, Elternrolle und über den Erwachsenen. Wir sprechen von einer Entwicklung des Bewußtseins, von der Entwicklung einer Partnerschaft oder von einer beruflichen Entwicklung. Es kann sich aber umgekehrt auch eine Krankheit oder eine Todesdisposition als ein destruktiver Prozeß entwickeln.

Die wichtigste Frage, die wir auf den folgenden Seiten klären wollen, lautet daher: Ist es möglich, die Entwicklung eines offenen, dynamischen Systems wie das des Menschen so zu fördern, daß destruktive Prozesse gestoppt werden können?

Das *Gesetz des Ausgleichs.* Jedes Defizit drängt danach, aufgefüllt oder ausgeglichen zu werden. Unser Geist beantwortet jedes Defizit in unserem Persönlichkeitssystem mit einem soge-

* Ausführliches zu diesem Thema findet sich in meinem Buch *Gesetze des Schicksals – Die Befreiung von unbewußten Zwängen,* Basel, Sphinx 1989 (2. Aufl.).

nannten Komplementärbild. Bei Armut taucht das Bild von Reichtum auf, bei Ungeborgenheit das Bild eines zärtlichen, lieben Partners oder einer gemütlichen Wohnung, bei Mangel an sexueller Gelegenheit das Bild eines verführerischen Partners... Diese Bilder können unbewußt bleiben, können aber auch als Anregung dienen, in der Außenwelt danach zu streben beziehungsweise danach zu suchen.

Besonders wichtig ist in diesem Zusammenhang, daß jede Hemmung ein Idealbild erzeugt, jede Unterdrückung ein Leitbild und jede Angst und Unsicherheit ein Wunsch- oder Traumbild.

So sucht der, der in Begegnung und Partnerschaft gehemmt ist, sein *Bild* eines Idealpartners. Wer in beengender Abhängigkeit steckt, der wird die Freiheit zum Leitbild erheben und sie fanatisch anstreben. Wer Angst vor einer bestimmten Aufgabe hat, wird den Wunsch haben, davor zum Beispiel mittels Alkohol zu fliehen.

Das *Gesetz der Wiederkehr des Verdrängten* hängt eng mit dem Gesetz des Ausgleichs zusammen. Es ist quasi seine mehr unbewußte und negative Form. Über das *Gesetz der Wiederkehr des Verdrängten* werden wir mit all dem konfrontiert, was wir vom Bewußtsein her nicht wahrhaben wollen, was unser Schatten ist, was der Verdrängung anheimgefallen ist. So wird der Heilige durch den Sünder ausgeglichen, die Madonna durch die Hure, der Ohnmächtige durch den Machthaber, der Unterdrückte durch den Unterdrücker, der Hilflose durch den Helfer, der Masochist durch den Sadist, der Altruist durch den Egoisten, der Gute durch den Bösen ... und jeweils umgekehrt.

Was wäre der Heilige ohne die vielen Sünder um ihn herum? Er könnte gar nicht mehr als guter und edler Mensch in Erscheinung treten. Er würde gar nicht mehr auffallen. Ja, mehr noch! Er könnte sich durch die vielen Frevler, Atheisten, sexuellen Lüstlinge und charakterlosen Wesen nicht mehr stabilisieren. Das *Gesetz der Wiederkehr des Verdrängten* zeigt dem ‹Heiligen› durch das Phänomen der Projektion, was so alles in seinem Unbewußten wohnt; um den ‹Heiligen-Schein› zu bewahren, muß der Betreffende ständig seine Aggressionen, seine sexuellen Begierden und Machtgelüste verdrängen. Doch das Verdrängte ist nicht vernichtet, es kehrt wieder. Allerdings nicht mehr in der ursprünglichen Form, sondern vielfach verzerrt; vollkommen verändert durch den Akt der Verdrängung wird die ursprünglich physiologische Energie pervertiert und *gegen* das Leben gewendet. Sie wird pathologisch. Grundsätzlich läßt sich sagen: Je mehr Lebendigkeit verdrängt wird, um so destruktiver kehrt die verleugnete Energie wieder zurück.

Das *Gesetz der Affinität* besagt, daß eine Entsprechung zwischen der Innenwelt und der Außenwelt besteht, daß alles Sichtbare nur ein Gleichnis ist für die seelische Wirklichkeit, daß äußere Situationen nur die Widerspiegelung von innerseelischen Konstellationen darstellen. Es besteht die Tendenz, daß all das, was in uns wohnt, auf den ‹Bildschirm› des Raumes projiziert wird. Das, was mit uns seelisch verwandt ist, zieht uns daher magisch an. Wir suchen es bewußt oder – wesentlich häufiger – unbewußt auf. So nehmen wir nur Menschen wahr, die sich auf unserer Frequenz befinden, und suchen solche Situationen, die mit unserer Innenwelt korrespondieren.

Wir können in unserer Umweltsituation unser Seelenleben wie in einem Film betrachten, können über diese projizierten Seelenbilder unser Unbewußtes erkennen, können sehen, ob wir unsere Natur fördern oder ihr Schaden zufügen. Wer sich selbst belügt, zieht auch in der Außenwelt Situationen an, in denen er belogen wird; wer sich selbst betrügt, wird auch von der Umwelt betrogen; wer sich innerlich nicht abzugrenzen versteht, wird auch in seinen äußeren Grenzen verletzt werden.

Denkt man dieses Gesetz konsequent zu Ende, dann wird klar, daß selbst der (äußere) Tod, den jemand erleidet, letztlich nur die Widerspiegelung eines inneren Abgestorbenseins ist.

Die psychosomatische Krankheitslehre beruht auf diesem *Gesetz der Affinität* zwischen Psyche (Innenwelt) und Soma (Außenwelt). Den verfrühten Tod von diesem Zusammenhang von Innen- und Außenwelt auszuklammern, bedeutet, vor einem lebensgefährlichen Tabu Halt zu machen, jegliche Bewußtwerdung der Problematik abzuwehren und jede Vorbeugung gegenüber einem zu frühen Tod zu verhindern.

Entsprechend diesem Gesetz ist jener Tod weder gottgewollt noch durch die Natur, sondern tatsächlich vom einzelnen selbst (unbewußt) verursacht. Deshalb gilt es, die psychischen Mechanismen, die zu diesem Tode führen, aufzudecken und bewußt zu machen und dem Leben eine größere Chance zu geben.

Das *Gesetz der Anziehung*. Das Unbewußte macht nicht nur krank oder gesund, sondern wirkt auch in der Außenwelt. Es zieht das an, was der eigenen Entwicklung entspricht *(Gesetz der Entwicklung)*, womit eine Affinität besteht *(Gesetz der Affinität)*, oder es zieht zu einem Defizit den entsprechenden Gegenpol an *(Gesetz des Ausgleichs)*, oder es läßt das Verdrängte wiederkehren *(Gesetz der Wiederkehr des Verdrängten)*.

Gesetz von Ursache und Wirkung. So wie man in den Wald hinein ruft, so hallt es heraus, heißt ein altes Sprichwort, das die Schwierigkeit bei diesem Gesetz treffend bezeichnet. Wenn einmal durch eigenes unbewußt falsches Verhalten Ursachen gesetzt wurden, werden die Wirkungen – aufgrund der Angst, sich eine Blöße zu geben, aufgrund von Scham oder aufgrund eines Unfehlbarkeitsanspruches – nicht mehr als Resultat des eigenen Fühlens, Denkens und Handelns gesehen. Die Wirkungen werden wieder zu neuen Ursachen werden, das heißt, daß auf die Wirkungen erneut mit falscher Ursachensetzung reagiert wird. In diesem Fall wird das *Gesetz der positiven und negativen Verstärkung* wirksam.

Das *Gesetz der positiven und negativen Verstärkung* besagt, daß positive oder negative Kettenreaktionen einsetzen können, je nachdem, ob man ein Ereignis seelisch verarbeitet hat und daraus konstruktive Schritte ableiten kann, oder ob man an einem Problem scheitert und die Spirale der Entwicklung abwärts geht. Bekommt eine Frau Zwillinge, so kann dieses freudige Ereignis auch eine negative Kettenreaktion auslösen. Es entsteht durch die Verdoppelung an Familienmitgliedern Raumnot, diese Enge erzeugt Aggressionen, dadurch wird die Harmonie der Beziehung gestört, als Folge davon ist ein Nachlassen der beruflichen Leistung zu verzeichnen, dessen Ergebnis Erfolglosigkeit ist. Letzteres wiederum bedingt weniger Einkommen, und weniger Einkommen bedeutet, daß man sich keine größere Wohnung leisten kann. Damit schließt sich der Kreis.

Das *Gesetz der Bestätigung*. Jedes Gefühl, jede Glaubenshaltung, jede Meinung, jedes Vorurteil, jeder Maßstab, jede Norm, jedes Ideal, jede wissenschaftliche Theorie hat die beharrliche Tendenz, sich immer wieder selbst zu bestätigen. Glaubt jemand zum Beispiel daran, daß andere ihn entwerten wollen, so wird aufgrund dieser Glaubenshaltung seine Wahrnehmung maßgeblich beeinflußt. Er nimmt nicht mehr wirklichkeitsadäquat wahr, sondern vorwiegend nur noch das, was er (unbewußt) wahrnehmen will. So interpretiert er Mimik, Gestik und das gesprochene Wort seiner Mitmenschen entsprechend seiner Glaubenshaltung und fühlt sich bestätigt, obwohl die Realität vielleicht ganz anders aussieht.

Das Gesetz der Bestätigung ist die Ursache dafür, daß selbst Meinungen und Lehrmeinungen, die fernab der Wirklichkeit sind und jeglichem gesunden Menschenverstand zuwiderlaufen, jahrzehnte-, jahrhunderte- und jahrtausendelang aufrechterhalten werden können.

Das *Gesetz von Inhalt und Form* besagt, daß unsere Gefühle und Gedanken, unser Geschmack und unsere Vorstellungsbilder immer auch in eine entsprechende Form gebracht werden müssen, damit wir so gesehen werden, wie wir gesehen werden wollen, um reale Wirkungen nicht nur in der Innenwelt, sondern auch in der Umwelt auszulösen.

Nur wenn Inhalt und Form im Einklang stehen, wird ein angenehmes Schicksal erwirkt. Es heißt also, die Situationen und Rahmenbedingungen zu schaffen, die der eigenen Identität gemäß sind. Es heißt, den Lebensstil zu pflegen, den Beruf zu ergreifen, die Wohnung und Wohnungseinrichtung zu wählen, die Form der Partnerschaft zu finden, so daß das eigene Wesen nicht nur nicht leidet, sondern sich ausdrücken und entfalten kann.

Das *Gesetz des Denkens und Glaubens* zeigt auf, daß Gedanken und Glaubenshaltungen die Tendenz haben, sich zu verwirklichen. Dabei ist jedoch – dies muß besonders betont werden – nicht nur die Glaubenshaltung, die im Bewußtsein vorherrscht, sondern auch die des Unbewußten entscheidend. Ein bloßes Einblenden von sogenannten Zielbildern, wie dies von vielen Anhängern des positiven Denkens praktiziert wird, kann daher nicht zu dem angestrebten Erfolg führen. Zum Beispiel vor dem geistigen Auge ständig das Wunschbild einer glücklichen Familie zu produzieren, bringt letztlich wenig, da dieses Glück abhängig ist von der Partner- und Beziehungsfähigkeit sämtlicher Familienmitglieder, die über lange Jahre hinweg erlernt werden muß. Auch kann sich die Vorstellung von Fülle und Reichtum nicht verwirklichen, solange der Betreffende sich nicht auf einem Gebiet besonders hervortut und zudem seine wirtschaftlichen Fähigkeiten ausbildet. Erst wenn dieser Weg beschritten wurde, glaubt auch das Unbewußte daran, reif für den Erfolg zu sein und schafft über das Gesetz der Anziehung die notwendigen Erfahrungen und Kontakte.

‹ALTERSSCHWÄCHE› KOMMT NICHT VON UNGEFÄHR

Wenn man nach seinem Alter gefragt wird, kann man zwei Antworten geben: eine Jahreszahl oder das biologische Alter. ‹Man ist so alt, wie man sich fühlt› heißt ein altes Sprichwort. Es zeigt sich immer wieder, daß Menschen zwar alt an Jahren sind, sich biologisch jedoch mit zwanzig Jahre jüngeren messen können. Auf der anderen Seite steht der junge Greis, der mit dreißig schon zum alten Eisen zählt.

Die Ausbildung von Anlagen, die Pflege von Talenten und Fähigkeiten bewirkt eine ungeahnte Vitalität und schenkt Kraft und Lebensfreude. Auch im Alter von sechzig, siebzig, achtzig oder gar neunzig Jahren ist eine fast uneingeschränkte Lebensqualität möglich. Erst nach dem hundertfünfzigsten Geburtstag wäre es natürlich, daß allmählich die Kräfte nachlassen, daß die Altersschwäche den Betreffenden eines Tages sanft entschlummern läßt. Nur dieser Tod ist biologisch begründet und unvermeidbar; jede andere Todesart ist in aller Regel ein Resultat von individuellen und kollektiven Neurosen.

Aufgrund der Anpassungs- und Abwehrmechanismen gelingt es kaum einem Menschen, zum wirklichen Leben vorzustoßen. Wilhelm Reich meinte hierzu: «Wir verwenden das Meiste unserer Energie dazu, das Natürliche und Lebendige in uns zu unterdrücken und zu verbergen. Durch diese stete Unterdrükkung und Blockierung der natürlichen Energien und Anlagen des Menschen wird die Lebenskraft der Menschen verbraucht, anstatt gehegt, gepflegt und aufgebaut.» Wie ich in meinem Buch *Befreiung vom Schicksalszwang – Astropsychotherapie* ausgeführt habe, trägt auch die entfremdete Arbeit, die in der patriarchalen Gesellschaft geleistet werden muß, ihren Teil zu den negativen Wirkungen der Abwehr- und Anpassungsmechanismen bei. Sofern man nur einer geregelten Arbeit nachgeht, ungeachtet wie destruktiv diese für den eigenen körperlichen, seelischen und geistigen Organismus sowie für das ökologische System der Natur sein mag, ist man der gewünschte, angepaßte und anständige Bürger des Staates. Diese entfremdeten Arbeiten jedoch, die nicht der wirklichen Natur des Menschen entsprechen, bei denen sich der einzelne somit verleugnen muß, fordern ihren Tribut. Sie sind nicht nur verdummend, sondern bedingen auch einen Raubbau der inneren und äußeren Lebensressourcen des Menschen. Durch die entfremdeten Arbeiten wird der einzelne ausgenützt, ausgelaugt und verheizt. Wenn er dann nicht mehr für den Produktionsprozeß zu gebrauchen ist, wird er aufs Abstellgleis geschoben: Man schickt ihn in Rente. Er wird für die Gesellschaft allgemein zu einer Belastung, besonders aber für die direkte Umgebung, für die Familie – sei es, daß er vor sich hinkränkelt oder gebrechlich ist, sei es durch das Beharren auf alten Maßstäben und Normen und durch Überwachung und Kontrolle, ob Norm und Konvention auch eingehalten werden. Oft wird dann durch häufiges Jammern, Nörgeln oder durch die stete Wiederholung von Geschichten aus der Vergangenheit das Nervenkostüm der übrigen Familienmitglieder arg strapaziert. Besonders ungünstig wirken sich in diesen Fällen auch Projektionen aus, die die persönliche Umgebung fremdbesetzen. Das heißt, daß etwa die alte Mutter vorgibt traurig zu sein, weil der Sohn nicht mehr in die Kirche geht oder die Tochter sich die Fingernägel lackiert usw. Durch solche Gefühle oder auch durch Krankheit werden dann die Nahestehenden auf verdeckte Art und Weise erpreßt, damit sie auch im Erwachsenenalter noch dem Willen der Alten Folge leisten.

Wen wundert es da, wenn in einem solchen Fall in der Familie die Tendenz besteht, den Betreffenden in ein Altersheim abzuschieben? Das Leben ist hart genug! Man will sich seinen sauer verdienten Feierabend nicht von einem ‹Besserwisser› und ‹Moralapostel› vergällen lassen

Tatsächlich ist die ‹Erfahrung›, die viele Menschen ins Feld führen, häufig nur die Erfahrung, wie man erfolgreich Leben verdrängt. Auf sie zu hören, ihre Abwehrrituale nachzuvollziehen, bedeutet, das Leben für Elend und Krankheit anfällig zu machen. Ihre Normen, Maßstäbe und Ideale zu übernehmen, heißt häufig, ebenso unter Kulturhypnose zu stehen, sich ebenso zu knebeln, sich ebenso einer Fiktion zu opfern ...

Wenn Menschen, die wirklich gelebt und geliebt haben, die Glück und Erfüllung erwirkt haben, die echte menschliche Werte – seelische Wärme, Einfühlungsvermögen, Toleranz, Weisheit usw. – verkörpern, alt werden, bleiben sie dennoch jung. Solche Menschen werden kaum das Leben von anderen behindern – sie sind keine Belastung, sondern eine Bereicherung für die Umwelt. Man will mit ihnen gerne in Kontakt kommen, will mit ihnen kommunizieren – nicht aus Nächstenliebe oder aus Mitleid, sondern aus einem persönlichen Interesse an ihrem Leben, ihren Projekten, ihren Schöpfungen, ihren Gedanken; weil man als junger Mensch von ihnen lernen kann.

Ist das nicht tragisch? Wer ausgelaugt und ausgebeutet wurde, wer im Laufe der Jahre und Jahrzehnte entmündigt wurde, wer nur eine Marionette des Systems war, wer um sein Leben betrogen wurde, den will keiner haben, mit dem will keiner sprechen, der wird gemieden oder abgeschoben! Man bedenke: Ausgerechnet derjenige, der – so möchte man hoffen – doch wenigstens im Alter für Müh' und Plag' belohnt werden müßte! Wer hingegen seine Anlagen entfaltet und sein Leben zu leben gewußt hat, der wird auch im Alter beachtet, geachtet und geliebt. Er befand und befindet sich in einem positiven Regelkreis. Er wird nicht nur um Jahre oder Jahrzehnte älter als der ‹Verbraucher›, sondern ist zudem im Alter auch noch gesünder und vitaler. Er hat aufgrund seiner entwickelten Anlagen und Fähigkeiten noch viele Aufgaben vor sich. In seinem Leben sind trotz des Alters Aufbau, Zukunftsplanung und Ziel sichtbar, im Gegensatz zu demjenigen, der sich im Altersheim nur von Fütterung zu Fütterung schleppt, seine Krankheiten (pervertierte Anlagen und Energien) ‹kultiviert› und sich schon auf den Tod vorbereitet. Bei solchen Menschen ist auch häufig eine Nekrophilie anzutreffen, die sich zum Beispiel darin äußert, daß die Betreffenden beim Zeitunglesen als erstes die Seite mit den Todesanzeigen aufschlagen. Zu mehr reicht es oft nicht. Was angesichts der stupiden Tätigkeiten in der Vergangenheit und der heutigen Massenmedienmanipulation nicht verwundern darf, zumal diese Menschen ihre geistigen Anlagen oft nicht sonderlich kultiviert haben. Jede Anlage, die nicht ständig geübt wird, stagniert – so auch der Geist.

Betrachtet man im Gegensatz hierzu Persönlichkeiten wie Erich Fromm, Viktor Frankl oder Konrad Lorenz (man mag über ihre Lehren denken, wie man will), die auch noch im hohen Alter entscheidende Werke geschrieben haben und in jeder Diskussion quirlige, schlagfertige Gesprächspartner waren, kann man in etwa ersehen, wie der ständige Gebrauch der geistigen Fähigkeit jung erhält.

DER TOD ALS ABWEHR- UND ANPASSUNGSMECHANISMUS

Wenn die anderen Abwehr- und Anpassungsmechanismen nicht mehr greifen, tritt der letzte Anpassungsmechanismus, der Tod, auf den Plan. Wenn der einzelne stirbt, kann er in der Erinnerung seiner Mitmenschen auch über den Tod hinaus ein anständiger, angepaßter Mensch bleiben. Insofern haftet dem Tod in der Kollektivneurose etwas Seriöses, Anständiges, Gutes an. So ist es für das moralische Ansehen mancher Frau besser, der Partner stirbt, als daß er sie zum Beispiel verläßt oder sich weigert, weiter zur Arbeit zu gehen. Unbewußt will sie lieber ehrenhafte Witwe sein als die Gattin eines Taugenichts. Lieber steht sie erschüttert und gramgebeugt am Grab, als daß sie seinen beruflichen Ausstieg akzeptiert hätte. Leider gibt es bei vielen Menschen auch Abwehrmechanismen dagegen, solch eine Möglichkeit der Beeinflussung durch das Unbewußte überhaupt in die eigenen Erwägungen miteinzubeziehen.

Viele sterben eher – und bleiben damit an das patriarchale System angepaßt –, als daß sie zu einem ihren Fähigkeiten und Bedürfnissen entsprechenden Leben vorstoßen würden. Sie sind in ihrem Leben an einem Punkt angelangt, an dem ihr neurotisches Gebäude zusammengebrochen ist, an dem sie sich neu *für* das Leben entscheiden müßten. Doch kaum jemand hat den Mut dazu. Man will nicht zugeben, daß all das, wonach man bisher strebte, nur eine Farce war, daß das bisherige Leben nur ein neurotisches Kartenhaus war, das jetzt ‹glücklicherweise› zusammengebrochen ist. Niemand will gerne einsehen, daß das bisherige Leben nur eine Form ohne Inhalt war, die Liebe keine Basis hatte, der Erfolg kein echter menschlicher Erfolg war. Dem Betreffenden sind die Felle weggeschwommen, doch will er nicht einsehen, weshalb. Er hat keinen Mut, keine Kraft, keine Hoffnung mehr, neu zu beginnen, wieder eine Familie, ein Haus, eine Firma, ein neues, ‹lebendiges Leben› aufzubauen. Er sieht plötzlich alles als sinnlos an. Kaum jemand glaubt, daß es außer der patriarchalen Ordnung, außerhalb der Enge der Kollektivneurose noch eine andere Welt gibt, in der man leben kann, ja, in der sich sogar besser leben läßt, weil erfüllende Inhalte und ausgelebte Fähigkeiten da sind, weil das Streben nach Anerkennung und die damit verbundene destruktive Spannung nachläßt und krankmachender Streß damit ein Ende hat.

Diese andere Welt ist der dritte Weg, ist die Welt des ‹Erwachsenen›, der Gegenwart, die Welt einer neuen inneren ökologischen Kultur, die Welt, in der die Natur zur Kultur erhoben wird. Endlich wird dann Leben nicht mehr verdrängt, sondern zugelassen, gehegt, gepflegt und weiterentwickelt.

FRÜHER TOD – DIE STÖRUNG DES ÖKOLOGISCHEN GLEICHGEWICHTS

So wie die äußere Natur ein vernetztes System ist, in dem alles mit allem zusammenhängt, so ist auch unsere innere Natur, die Natur der Psyche, ein ökologisches System, dessen Vernetzungen bewußt werden müssen, ehe wir imstande sind, strategisch und gezielt eingreifen zu können, ehe wir die Kräfte der Natur so lenken und leiten können, daß wir ein Optimum an Lebensqualität erreichen.

Wenn man die Vernetzungen unserer Psyche aufspüren will, muß man sich zunächst die Mosaiksteine des gesamten Systems vor Augen führen. Unsere Psyche, unser Persönlichkeitssystem, besteht aus Persönlichkeitsanteilen, die wie die Dinge der äußeren Natur aus den Elementen Erde, Wasser, Luft und Feuer hervorgehen. Wir beherbergen in unserer Innenwelt Berge, Seen, Wälder und Urwälder, Wiesen und Auen, Meere, Steppen und Wüsten, Lufträume, Wolken und Regen, Föhnstürme und Hurrikans, feurige Energien voller Möglichkeiten und Kraft. In uns wohnen aber auch die Städte und Dörfer, die Ampeln und Lichter, die Straßen und Wege, die Bahnhöfe und Flugplätze, die Betonwüsten, also die von uns Menschen gemachte, künstliche Welt, kurzum die Zivilisation. Es existieren analog zu der äußeren Welt auch in unserer Innenwelt zwei ökologische Systeme, eine natürliche Ökologie und eine künstliche, die im Grunde eine Imitation der natürlichen ist. Das künstliche System ist ebenso vernetzt – man denke an Staat, Kirche, Rechtswesen, Industrie, Wirtschaft, Technik und Verkehr im Kollektiv und Beruf, Partnerschaft, Freizeitverhalten, Wohnsituation, Sexualleben, Freundschaften und das geistige Leben beim Individuum. Die Zusammenhänge sind jedoch noch komplexer: Wir können von einem Ökosystem unseres Körpers, einem Ökosystem der Seele und einem Ökosystem des Geistes sprechen, und diese drei Ökosysteme zusammen ergeben das ‹System› Mensch.

So sind beim Menschen auch die Beziehungen innerhalb von Körper, Seele und Geist einer ständigen gegenseitigen Beeinflussung unterworfen:

Körper ⟷ Seele
Körper ⟷ Geist
Körper ⟷ Umwelt (materielle, seelische und geistige Welt)
Seele ⟷ Geist
Seele ⟷ Umwelt (materielle, seelische und geistige Welt)
Geist ⟷ Umwelt (materielle, seelische und geistige Welt)

Das Ökosystem des Individuums ist wiederum verbunden mit dem Ökosystem des Partners. Es kommen in diesem Fall sechs Ökosysteme zusammen – je zwei Ökosysteme des Körpers, der Seele und des Geistes. Bekommen die beiden Partner Kinder, so entsteht das Ökosystem ‹Familie›. Ebenso verhält es sich am Arbeitsplatz, wo immer verschiedene Elemente für Ausgleich sorgen müssen, um damit die Homöostase aufrechtzuerhalten.

Das ökologische System des Individuums bildet jedoch nicht nur in der Zweierbeziehung, in der Familie und am Arbeitsplatz ein neues, größeres Ökosystem, sondern ist auch mit der materiellen Welt, der seelischen und der geistigen Welt der Gesellschaft, mit dem künstlichen Ökosystem ‹Zivilisation› verbunden. Jeder Mensch lebt in einem vielfältigen Wechselspiel, nicht nur mit seiner Innenwelt, sondern auch mit seiner Umwelt: zu Hause, im Beruf, in der Freizeit, in den Ferien – Tag und Nacht, selbst wenn er in seinen Gefühlen, Gedanken und Träumen allein ist. Es ist uns oft nicht recht bewußt, wie sehr das eigene Verhalten und Wohlergehen, unsere Leistungen und Pläne physisch und psychisch mit diesen Wechselwirkungen zusammenhängen. So beeinflußt zum Beispiel der Beruf eines Menschen nicht nur dessen körperliches und seelisches Wohlbefinden (Eigenwert, Selbstbewußtsein, Gefühle wie Freude, Ärger, Wut usw.) und sein geistiges Leben, sondern auch seine sozialen Kontakte, die Wahl seines Lebenspartners und seiner Freunde, die Wahl seines Wohnortes und seiner Wohngegend, seine Besitz- und Finanzverhältnisse, seine Ernährung, seine Kleidung und seine Freizeitgestaltung. Die finanzielle Situation hat einen entscheidenden Einfluß auf die Entwicklung seiner Gefühle (Sicherheit, Sorgen, Ängste), aber auch darauf, wie er sich kleidet und ernährt, wie er wohnt und welche materiellen Dinge er bevorzugt. (Siehe das Schema auf der nächsten Seite.)

Der frühe Tod ist der unwiderrufliche Zusammenbruch dieses physopsychischen Ökosystems. Insofern sind auf den Tod, mit gewissen Einschränkungen, dieselben Gesetzmäßigkeiten anwendbar, die für ökologische Systeme gelten. Frederik Vester schreibt in seinem Buch *Unsere Welt – ein vernetztes System:* «Kennt man die Vernetzungen eines Systems, so ist noch nicht alles gewonnen. Denn entscheidend ist nicht nur, was mit wem verbunden ist, sondern auch, wie es damit verbunden ist, also die Kenntnis der Wechselwirkungen zwischen den Teilen.»

In der Tat wirken die Teile eines Systems sehr unterschiedlich aufeinander. Nicht nur positiv oder negativ, stark oder schwach, sondern eine Beziehung kann, je nach ihrer Dauer und Stärke, sogar ihren Charakter ändern, vom Helfen zum Zerstören umschlagen oder gänzlich neue Folgen haben. Damit hat jede Wirkung zwischen zwei Systemteilen ihre eigene Dynamik. Wenn man einige Teile eines Systems kennt und weiß, was womit wie zusammenhängt, so kann man daraus schon eine Menge über das System erfahren: über seine Stabilität, seine Entwicklungsmöglichkeit, über die Bedeutung einiger seiner Elemente als Regler, Grenzwert oder Stellglied. Es ist häufig schwer zu er-

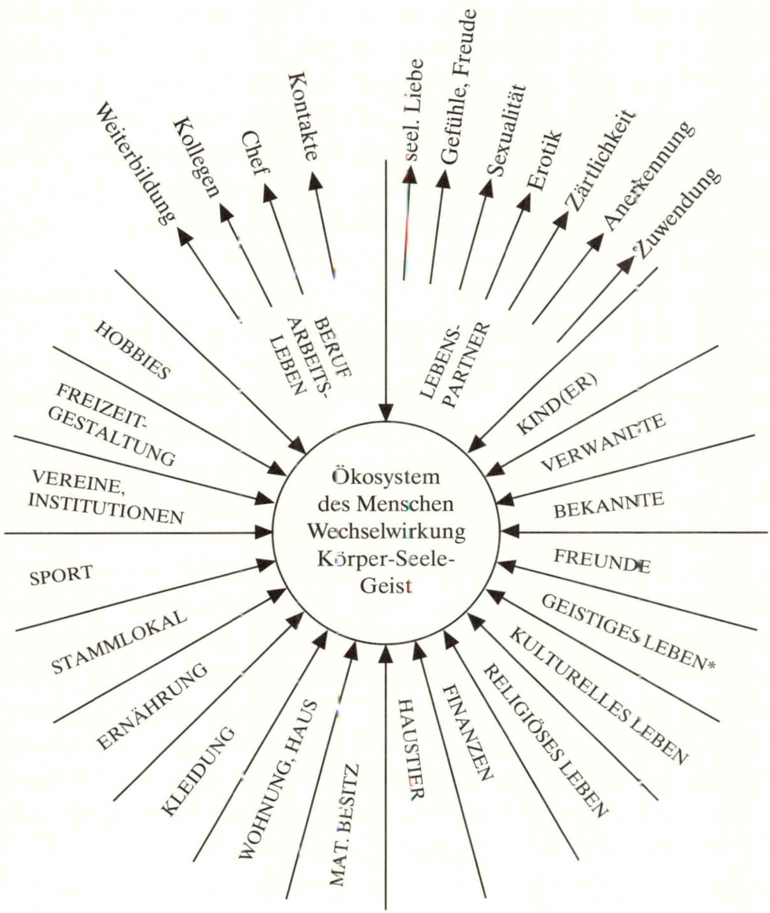

* Nachdenken, Diskutieren, Information, Lesen, Besuch von Weiterbildungsveranstaltungen.

gründen, wie sich im einzelnen ein solches Wirkungsgefüge verändert, wenn in das System an irgendeiner Stelle eingegriffen wird. Fest steht jedoch, daß ein Eingriff nur selten dort endet, wo er angesetzt wird, sondern daß er meist in eine Kettenreaktion von Ereignissen übergeht. Mit anderen Worten: Man erlebt schicksalsmäßige Überraschungen auf Lebensgebieten, die oberflächlich betrachtet mit dem Eingriff oder dem Ereignis nichts zu tun zu haben scheinen.

Frederik Vester bringt hierzu das Beispiel des Assuan-Staudamms in Ägypten. Dieses großartige Projekt zur Landbewässerung und Energieerzeugung, bei dessen Planung jedoch – wie bei vielen ähnlichen Projekten – grundlegende ökologische Überlegungen nicht mit einbezogen wurden, brachte negative Überraschungen auf fast allen Gebieten. So übertraf zum Beispiel die Verdunstung des Stauwassers alle Berechnungen (unter anderem durch sich in den Kanälen ausbreitende Wasserhyazinthen, die zudem noch zur Brutstätte von Bilharziose übertragenden Schnecken wurden). Das nährstoff- und schlammarme Stauwasser verlangte künstliche Düngung im Niltal und zerstörte zunehmend die Flußufer. Dauerbewässerung versalzte die Felder, und das fruchtbare Delta an der Flußmündung hörte auf zu wachsen. Selbst die Küstenfischerei wurde durch den Nährstoffmangel vorübergehend beeinträchtigt. Dies alles sind typische Folgen, die durch vernetzte Wechselwirkungen in der Natur bedingt sind.

Das Ökosystem eines Menschen verhält sich ähnlich. So kann zum Beispiel ein Umzug von einer Stadt in die andere einen gravierenden Eingriff in das bisherige Persönlichkeitssystem und seine Bezüge darstellen. Die vertraute Umgebung geht verloren, die berufliche Situation verändert sich, Freundschaften lösen sich auf, neue Menschen treten in das eigene Leben . . . Oder jemand bezieht sein Selbstbewußtsein, seine Freude und seine Kraft aus einem erfüllenden Sexualleben. Fällt dieser persönlichkeitsstabilisierende Faktor weg, gerät das psychische Gleichgewicht des Betreffenden ins Wanken. Er verliert zum Beispiel seinen Humor oder leidet an Depressionen. Mag sein, daß seine beruflichen Leistungen nachlassen, und in der Freizeit ist vielleicht sein früherer Unternehmungsgeist verschwunden. Einen Teil eines vernetzten Systems zu verändern, bedeutet stets, das gesamte System zu verändern. Dabei ist insbesondere entscheidend, wie bei dem betreffenden Menschen die einzelnen Lebensfelder gewichtet sind. Was für den einen unbedingt nötig ist, ist für den anderen kaum von Belang. Zum Beispiel sind für den einen Freunde im Leben von großer Bedeutung, während dies für den anderen eine geringe Rolle spielt. Für den anderen ist vielleicht entscheidend, daß er ein eigenes Haus hat, wohin er sich vom Lärm der Welt zurückziehen und wo er sein Privatleben pflegen kann. Als Beispiel für die Bedeutsamkeit der Gewichtung der verschiedenen Lebensfelder mag der Fall von Rupert, einem 45jährigen Prokuristen, dienen:

Als seine Ehefrau Sarah mit einem jungen Liebhaber durchbrannte, verlor er gleichzeitig sein Haus, das aus steuerlichen Gründen Sarah überschrieben worden war. Zudem erlitt er in diesem Zeitraum einen derartig gravierenden beruflichen Einbruch, daß er seine Stelle kündigen mußte. Als damit seine drei Hauptkompensationsfelder verloren waren, befand er sich in akuter Lebensgefahr. Er hatte es versäumt, Diversität zu schaffen, das heißt seine drei Hauptfelder auf verschiedene Beine zu stellen. Es wäre für ihn wichtig gewesen, auch andere Kontakte zu pflegen, sich in bezug auf Haus und Beruf auch noch anderweitig abzusichern. Daß er dies nicht gemacht hat, läßt auf unbewußt selbstzerstörerische Tendenzen schließen. Rupert hatte sozusagen alles auf eine Karte gesetzt und dabei Schiffbruch erlitten. (Vergleiche auch das Schema auf der nächsten Seite).

Wo eine Hauptkompensations- oder Projektionsfläche nicht abgesichert ist, befindet sich die Achillesferse des betreffenden Menschen, dort ist er verletzbar, gefährdet, ist sein ‹persönlicher Regelkreis› anfällig für Störungen.

Der Begriff des Regelkreises ist der Kybernetik entlehnt und bedeutet, daß ein Ereignis ein anderes auslöst, das seinerseits wieder ein anderes bewirkt. In einem Regelkreis kann jedes Ereignis als Ursache *oder* Wirkung gesehen werden, je nachdem, wo man den Kreis willkürlich durchbricht. Ein Regelkreis ist im

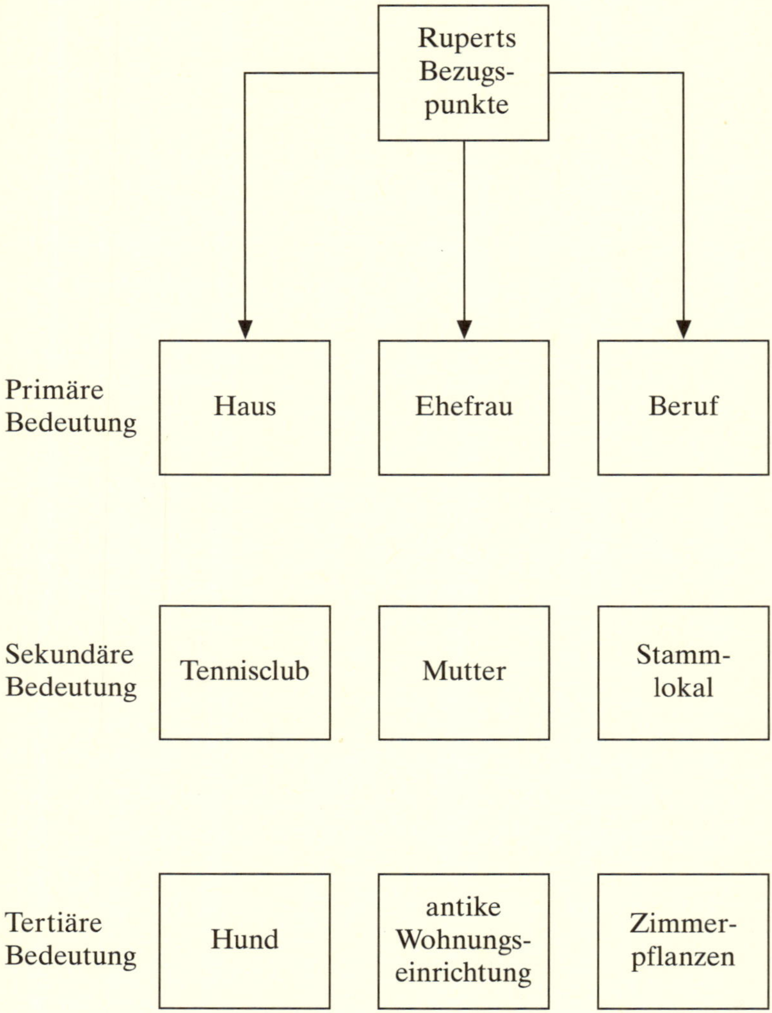
Ruperts Bezugs-punkte
Primäre Bedeutung
Haus
Ehefrau
Beruf
Sekundäre Bedeutung
Tennisclub
Mutter
Stamm-lokal
Tertiäre Bedeutung
Hund
antike Wohnungs-einrichtung
Zimmer-pflanzen

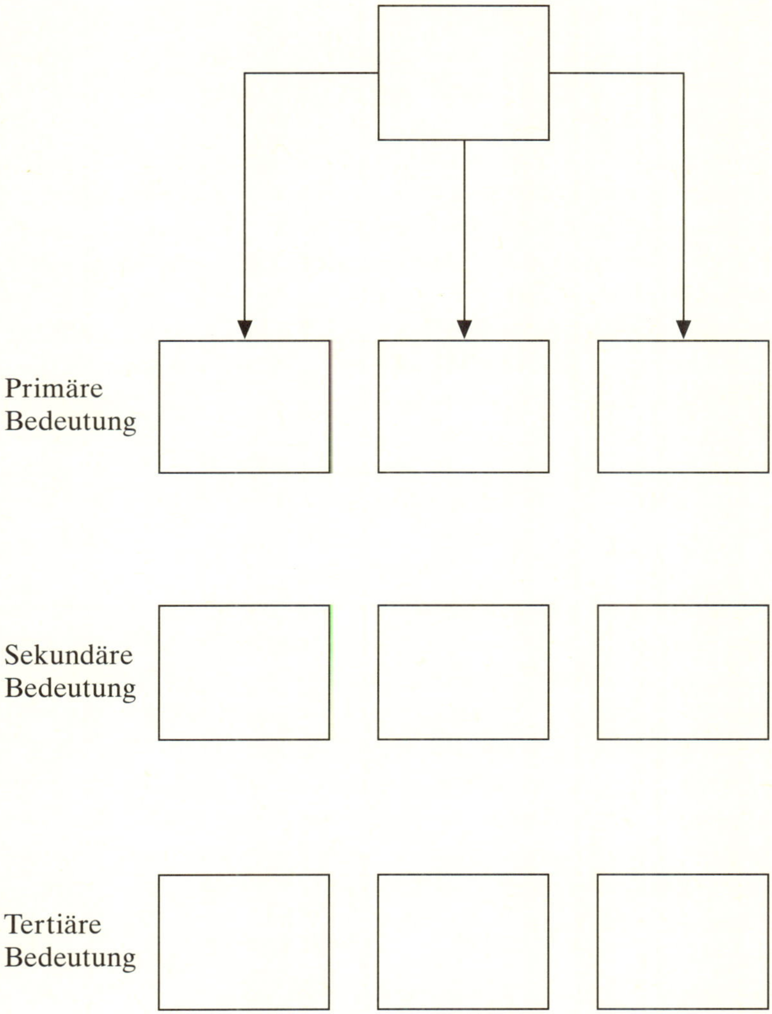
Primäre Bedeutung
Sekundäre Bedeutung
Tertiäre Bedeutung

allgemeinen stabil und, wie der Name sagt, regelt sich selbst. Eine Störung im System kann aber auch durch ihre Wirkung auf die anderen Bestandteile das System zum Zusammenbruch bringen.

So wie oben bei Rupert kann jeder seine persönliche Gewichtung der Lebensfelder beziehungsweise der Bezugspunkte in der Graphik auf der vorhergehenden Seite eintragen. Auf diese Weise werden Sie sich Ihrer eigenen Stärken und Schwächen sowie der Wechselwirkungen im Persönlichkeitssystem bewußter und können gegebenenfalls vorbeugende Maßnahmen gegenüber Schicksalsschlägen ergreifen.

KRISE UND KRANKHEIT - EINE CHANCE ZUR UMKEHR

Nachfolgende Fallstudie zeigt die Vernetzung des Ökosystems der Psyche von einem anderen Blickwinkel aus, zugleich aber auch, welche Chancen zur Gesundung sich aus der Natur dieses Systems eröffnen. Vielfach ist der Tod nur das letzte Stadium einer schwelenden Krise oder einer langen Krankheit. Es gilt also, die Signale ernst zu nehmen und die Ursachen für Krise und Krankheit aufzuklären und aufzulösen. Die Bewußtmachung möglicher selbstzerstörerischer Tendenzen ist der erste Schritt zur Rettung vor dieser tödlichen Bedrohung und eine neue Chance für das Leben.

Bernhard wurde von seiner Mutter als Mädchen erwartet, während sich sein Vater einen Stammhalter wünschte. Diese unterschiedliche Erwartungshaltung bedingte bei Bernhard eine Verunsicherung in bezug auf seine Identität. Die Folge war, daß Bernhard ein sehr ängstlicher Junge wurde, der wegen jeder Kleinigkeit sofort zu weinen begann. Dieses Verhalten wiederum verunsicherte seinen Vater, der ihn deshalb ständig entwertete, indem er zum Ausdruck brachte, daß es sich bei ihm offensichtlich um keinen ‹richtigen› Jungen handle. Bernhard begann seinen Vater zu hassen und sah in ihm nur den Konkurrenten um die Zuneigung seiner Mutter.

Bernhards Mutter war eine sehr dominante Frau, die ihrem Sohn zur Entwicklung einer seelischen Eigenart ebenfalls keine Möglichkeit bot, da sie ihre Zuwendung und Liebe von seinem Wohlverhalten abhängig machte. Hinzu kam, daß Bernhard den Wertmaßstab ‹Schönheit›, der für das weibliche Geschlecht in der patriarchalen Kultur eine so große Rolle spielt, von seiner Mutter übernahm. Er fühlte sich in bezug auf seine eigene Schönheit gehemmt. Die äußere Situation, nämlich ständig in seiner Männlichkeit abgewertet zu werden, hatte er verinnerlicht beziehungsweise durch ständige Einrede reproduziert und mit dem Maßstab seiner Mutter verschränkt. Als Resultat dieser Verschränkung fühlte sich Bernhard als Mann nicht schön genug. Dies hatte bei seiner Partnerwahl entscheidende Konsequenzen: Bernhard zogen unbewußt nur Partnerinnen an, die von seinem Ideal aus gesehen entweder wenig attraktiv oder ‹überirdisch schön› waren. Hakte sich dann ein ‹Mauerblümchen› auf der Straße bei ihm unter, schämte er sich und fühlte sich in seinem Eigenwert gemindert – schmiegte sich eine ‹schöne› Frau an ihn, fühlte er sich zwar wertvoll und bestätigt, doch waren mit diesen ‹Schönen› auch Nachteile verbunden: Erstens bekannten sie sich oft nicht zu ihm, da sie bereits anderweitig gebunden waren, so daß Bernhard seine gleichgeschlechtliche Konkurrenzangst wiedererleben konnte, und zweitens nahmen sie Bernhard nicht um seiner selbst willen an, sondern schätzten ihn unbewußt nur, weil er die zu ihrem dominanten Verhalten komplementäre Rolle des in seiner Männlichkeit verunsicherten Mannes, der voller Bewunderung für sie ist und ständig um ihre Gunst buhlt, exzellent zu spielen vermochte. Bernhard war diese Rolle ja gewöhnt, hatte er sie doch bereits bei seiner Mutter jahrelang eingeübt (Wiederholung auf einer neuen Ebene). Selbst die größten beruflichen Erfolge konnten diese Frauen nicht beeindrucken. Er blieb für sie der kleine, schwache Junge, der sich artig zu benehmen hatte.

Die weniger attraktiven Frauen hingegen riefen bei ihm ein anderes Verhalten hervor. Da er sich durch ihre Anwesenheit gehemmt fühlte und dadurch permanent mit seinem seelischen Schmerz konfrontiert wurde, hatte er die Tendenz, ständig zu kritisieren und zu maßregeln. Selbst wenn die jeweiligen Frauen voll in seinem Sinne funktionierten – sie konnten es ihm nicht recht machen. Die ‹Mauerblümchen› waren daher in derselben Rolle wie er gegenüber den Schönheiten. Sie buhlten um ihn – ohne jemals sein Herz zu erreichen. Da seine Zuneigung nicht echt war, empfand sich Bernhard als Lügner, wenn er sie umarmte und küßte, und umgekehrt empfand er die Liebesbeziehungen der schönen Frauen als Lüge, da er fühlte, daß nur sein Spiel der erwarteten Rolle, nicht aber sein wirkliches Selbst gemeint war.

Bernhards Schönheitsideal hatte also primär folgende Wirkungen:

1. Es hemmte ihn, sein Aussehen zu akzeptieren und drängte ihn in eine seelische Außenseiterposition.

2. Es verursachte in jeder Begegnung mit Männern eine Konkurrenzsituation. Andere Männer wurden nicht als Freunde gesehen, sondern als gefährliche Konkurrenten, die ihm schöne Frauen abspenstig machen könnten.

3. Es hemmte die Frauen, die nicht seinem Ideal entsprachen. Das Ideal entwertete sie in ihrer Weiblichkeit und machte sie zu seelisch ‹Ausgestoßenen›.

4. Es erhöhte den Eigenwert der Frauen, die das Ideal erfüllen konnten und verlieh ihnen Macht. Indem sie sein inneres Ideal verkörperten, hemmten sie sein Eigenwertgefühl. Er kam sich neben ihnen minderwertig vor.

Auf diese Weise war Bernhard unfähig, eine gleichberechtigte Partnerschaft einzugehen. Durch seinen Maßstab und die damit verbundene ständige Tendenz, sich selbst und jeden anderen Menschen danach zu bewerten, fühlte er sich gegenüber anderen entweder über- oder unterlegen. Er konnte niemandem wirklich mit seelischer Wärme begegnen, und niemand konnte sich ihm gegenüber menschlich offen verhalten, weil er mit diesem inneren Maßstab keine ungehemmten Begegnungen zulassen konnte.

Schließlich erkrankte Bernhard im Alter von 26 Jahren an einem chronischen Blasenleiden, also an dem Organsystem, das eng mit der Männlichkeit in Verbindung steht. Dieses Blasenleiden verstärkte die Hemmung in bezug auf seine Männlichkeit, da er sich damit vor den Frauen schämte. Dies war schließlich auch der Anlaß, bei mir vorzusprechen.

In der Analyse ergab sich neben der eben geschilderten Vorgeschichte noch folgendes: Bernhard übertrug seinen Schönheitsmaßstab auch auf seine materielle Umwelt. Er hatte große Schwierigkeiten, seine Vorstellungen bei der Einrichtung seiner Wohnung zu verwirklichen. Sein Anspruch war auch hier zu groß, um realisiert werden zu können. Ferner fühlte er sich gehemmt, weil er kein schönes Auto besaß.

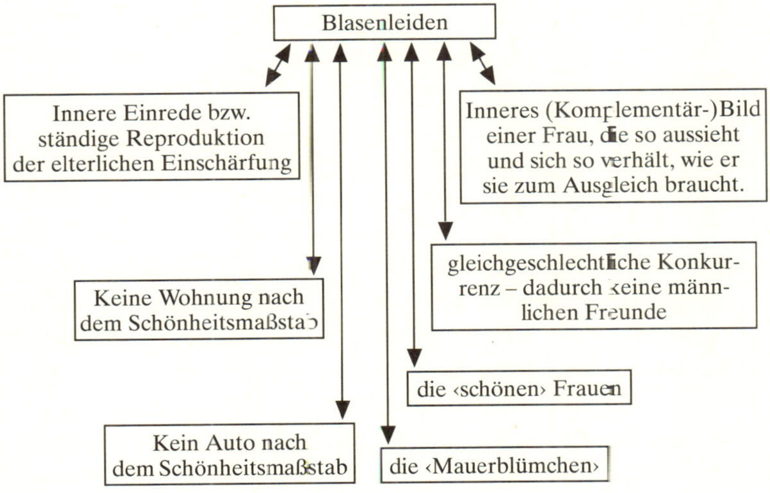

Es handelt sich in diesem Fall um einen Symptomkomplex, der in einem sehr erweiterten Sinne verstanden werden muß, da die seelisch-geistige Welt sowie die Umwelt- und Schicksalsdimension mit einbezogen ist. Es ist ein negativer Regelkreis, in dem jede Größe als Verstärker fungiert. Aufgrund der inneren Hemmung sucht Bernhard unbewußt äußere Situationen, die ihn auf Dauer nicht befriedigen können, wie ganz bestimmte Formen der Partnerschaft, gleichgeschlechtliche Konkurrenzsituationen, und wird durch eben diese Formen beziehungsweise Situationen wiederum gehemmt. Die verstärkte Hemmung bedingt wiederum eine Steigerung des irrealen Ideals von sich selbst, also des Bildes eines überirdisch schönen Mannes (Adonisbild). Und das ‹Adonisbild› verstärkt wiederum die Hemmung. Um diese Hemmung auszugleichen, muß Bernhard auf das andere Geschlecht ausweichen. Je stärker die Hemmung wird, desto schöner sollte die Partnerin sein. Tag und Nacht ist er von dem Wunsch nach einer sensationell schönen Frau, die sich voll zu ihm bekennt, beseelt. Die (überirdische) Schönheit der Partnerin soll nicht nur seine Hemmung in bezug auf sein Aussehen, sondern auch seine Unfähigkeit, die materielle Umwelt nach seinem Geschmack zu gestalten, ausgleichen. Sie soll seine Hemmung, kein schönes Auto zu besitzen, seine Frustrationen, die aus dem Blasenleiden und aus der Nichterfüllung seines Ideals resultieren, kompensieren und soll den Schmerz der Isolation, der auf seine stete Konkurrenzsituation zurückzuführen ist, vergessen machen. (Siehe Schema auf der nächsten Seite.)

Es ist vollkommen klar, daß hier jede Frau überfordert ist.

Bernhards Krankheit spiegelt sich also auf den verschiedensten Ebenen wider. Daher kann man, wenn man die Mechanismen und Gesetzmäßigkeiten der Psyche und des Schicksals erkannt hat und über das entsprechende Wissen um die Verbindungen verfügt, in vielen Fällen auch umgekehrt vom Fühlen, Denken, von der Umwelt- und Partnersituation sowie von der jeweiligen Bewußtseinsebene (Maßstäbe, Ideale, Über-Ich etc.) auf die jeweilige Krankheit schließen. Um besser verstehen zu können,

Dieses Schema gibt Bernhards Problematik zusammengefaßt wieder:

Krankheit	defizitäre Anlage	Minusgefühl
Blasenleiden	Hemmung in bezug auf Schönheit und Ästhetik	Gefühle der Frustration, da dem Schönheitsmaßstab scheinbar nicht entsprochen wird
Plusgefühl	Minusdenken	Plus-Denken bzw. Vorstellung als Kompensation (Komplementärbild)
Hoffnung, Zuversicht und optimistische Gefühle als Kompensation für die Frustration oder, falls dem Schönheitsmaßstab entsprochen wird, (irreale) Hochgefühle	Ich bin nicht schön genug. Ich bin es nicht wert, eine ‹schöne Frau zu haben› (ständige innere Reproduktion einer alten irrealen Glaubenshaltung)	Vorstellung einer «überirdisch» schönen Frau, die sich zu ihm bekennt
Umweltebene	Partnerschaftsebene	Bewußtseinsebene
Wohnsituation und Autotyp entsprechen nicht dem eigenen Geschmack	Frauen: Es werden nur unattraktive (nach seinem subjektiven Maßstab gewertet) oder nur extrem schöne Frauen, die oft bereits gebunden sind, angezogen. Männer: Keine Freunde, nur gleichgeschlechtliche Konkurrenzsituationen	Subjektives Ideal von Schönheit, das als objektiv angesehen wird; es wird aufgrund von unbewußter Übertragung angenommen, daß alle Menschen nach diesem Maßstab bzw. Ideal werten würden

daß jede chronische Erkrankung ein Regelkreis mit eingebauten inneren und äußeren Verstärkern ist, soll hier ein physiologischer Regelkreis gegenübergestellt werden.

Nehmen wir als Beispiel das Hormonsystem. Weite Bereiche des Hormonsystems stehen unter der obersten Kontrolle des Großhirns. Zweithöchste Instanz ist das Zwischenhirn (hauptsächlich der Hypothalamus), das durch Nervenimpulse und/oder eigene Neurosekrete die Ausschüttung der untergeordneten Hormondrüsen freigibt. Eine dritte Stufe in dieser ‹Hierarchie› nimmt die Hypophyse mit ihren drüsengerichteten Hormonen ein. An vierter Stelle stehen schließlich die peripheren Hormondrüsen mit ihren Endhormonen. Der Regelkreis wird zuletzt dadurch geschlossen, daß die Endhormone nicht nur auf den peripheren Stoffwechsel einwirken, sondern darüber hinaus eine rückläufige Gegenkontrolle (negative Rückkoppelung) über die ihnen selbst übergeordneten Zentren ausüben. So stehen zum Beispiel Jodaufnahme und Bildung und Ausschüttung der Schilddrüsenhormone weitgehend unter dem Einfluß des Hypophysenvorderlappenhormons Thyreotropin (thyreostimulierendes Hormon). Das von der Schilddrüse gebildete Thyroxin wirkt in Form einer Rückkoppelungsmeldung auf die Hirnanhangdrüse zurück, hemmt dort die Thyreotropinbildung und damit seine eigene Produktion (negative Rückkoppelung). Bei einem pathologischen Regelkreis hingegen liegt eine Fehlinformation vor, und die einzelnen Größen des Kreises reagieren entsprechend fehlerhaft mit einer Unter- oder einer Überfunktion.

Das, was sich in der körperlichen Szenerie abspielt, kann auch auf die seelisch-geistige Ebene übertragen werden.

In vorliegendem Fall ist die Vorstellung in bezug auf Schönheit nicht real. Auf diesen imaginären, irrealen Mangel reagiert nun Bernhards seelischer und geistiger Organismus, indem letzterer zur Kompensation schreitet. So versuchen seine Seele und sein Geist immer wieder einen Mangel auszugleichen, der gar nicht existiert. Da der Mangel irreal ist und durch unbewußte Selbstsuggestion stets reproduziert wird, ist die Kompensation ebensowenig real. Man bleibt in einem solchen Fall im Akt der steten Kompensation stecken. Ein Ausgleich kommt nie zustande. Es stellt sich nie Zufriedenheit und Harmonie ein. Im Gegenteil, der einzelne wird gerade durch die wirkungslosen Kompensationsversuche in seiner Hemmung bestätigt, oder sein Mangelgefühl wird verstärkt, was ihn erneut zu noch heftigerer Kompensation treibt. Der Betroffene glaubt dann, er müsse noch mehr tun, müsse noch mehr arbeiten, müsse noch mehr kompensieren, um die Ausgewogenheit herstellen zu können.

Aufgrund von tatsächlichen oder irrealen Mängeln sind zu deren Kompensation Länder erobert, Erfindungen gemacht, Firmen gegründet, ja ganze Industrieimperien aufgebaut worden. Wie oben angedeutet, kann der Mensch dabei sein eigentliches Ziel, nämlich einen wirklichen Ausgleich für seine Hemmung herzustellen, nie erreichen. Hinzu kommt noch, daß er sich im Akt der Kompensation erschöpft und verbraucht. Die Folge von jahrelanger Kompensation sind Krankheit, frühes Altern und früher Tod. Der Mensch kommt auf diese Weise nicht zur Ruhe, ständig treibt ihn seine Hemmung zu Höchstleistungen. Er steht ständig unter Druck, hat Angst, etwas zu versäumen, hat Angst, Zeit zu verlieren. Er kann nie richtig entspannen und genießen. Er muß immer etwas leisten.

Folge des steten Kampfes beziehungsweise der steten Kompensation, die die seelische Wunde nur überdeckt und dadurch den Schmerz nur betäubt, kann daher auch eine Dekompensation sein – ab einem bestimmten Punkt ist die Kraft des Organismus, ist das Kompensationspotential erschöpft, und das ganze System, das eigentlich ein Wahnsystem ist, bricht zusammen.

So leben viele in ihrem eigenen Wahnsystem. Sie glauben, ständig einen Mangel ausgleichen zu müssen, und sind davon so besessen, daß sie kaum auf andere Gedanken kommen. Nur selten haben sie klare Augenblicke, nur selten sind sie real ansprechbar, nur selten sind sie in der Wirklichkeit.

Übertragen auf den Fall von Bernhard bedeutet dies, daß, auf welche Art auch immer er zu kompensieren versucht, seine Hemmung nie wirklich aufgehoben wird. Zwar kann eine ‹Superschönheit› kurzzeitig seinen Schmerz lindern, oberflächlich sein imaginäres Manko ausgleichen, doch seine seelische Wunde bleibt nach wie vor im Untergrund bestehen. Sie bricht um so vehementer auf, wenn die Beziehung zu seinem ‹Ausgleichsversuch› scheitert. In diesem Fall muß dann auch körperlich mit Rückfall in die alte Krankheit gerechnet werden.

Aber auch eine Kompensation durch materielle Dinge würde Bernhard nicht weiterführen. Selbst wenn es ihm gelänge, in Wohnung und Automobil seinen Ansprüchen Ausdruck zu verleihen, würde die Hemmung nur übertüncht werden, denn seine Vorstellung von Schönheit und Ästhetik ist als das Komplementärbild seiner Hemmung nicht weniger irreal. Sein Geschmack ist nicht ‹echt›. Die exklusive Wohnungseinrichtung und das tolle Auto, das er sich wünscht, entsprechen nur seinem seelischen Schaden, nicht aber seiner wirklichen Persönlichkeit. Bestimmte Frauen würden sich zwar angezogen fühlen, aber nur von seinen materialisierten Komplementärbildern, nicht von seiner persönlichen Eigenart, von seinem wirklichen Wesen. Es wären also wieder die ‹falschen› Partnerinnen.

Bernhard muß sich zunächst bewußt werden, daß er die Vorstellung seines Vaters in bezug auf Männlichkeit sowie den Schönheitsmaßstab seiner Mutter übernommen hat und daß seine Reaktion darauf in einem Alter geschah, in dem er die damit verbundene Realität und Irrealität nicht durchschauen konnte. Heute hat er diese Möglichkeit und kann sich neu entscheiden, nämlich zu seinem Äußeren zu stehen und sich nicht mehr ständig mit anderen zu messen und zu vergleichen. Es ist wichtig für ihn, daß er seinen Typ bejahen kann und daher das ‹Adonisbild› aus seinem Geiste ausblendet. Vor allen Dingen muß er aufhören, das damalige Gefühl und die damalige Vorstellung, die Reaktionen auf die elterliche Situation waren, in der Gegenwart zu reproduzieren (Wiederholungszwang).

Jedesmal, wenn solche Gedanken aufkeimen, muß er sie durch der Wirklichkeit angemessenes Denken ersetzen, um dann als Folge davon auch realitätsbezogen fühlen zu können. Verändern sich Denken und Fühlen, verändert sich auch der Geschmack, d. h. Bernhards Geschmack wird ebenso ‹realistisch› und ist nicht mehr durch Hemmungen, Blockaden und Kompensationswünsche verfälscht.

Der nächste Schritt zur Heilung wäre dann der Abbau der ‹Verstärker›. Je eher dies gelingt, desto schneller kann die Hemmung schrumpfen. Je geringer aber die Hemmung wird, um so weniger wird die ‹Superschöne› zur Kompensation gebraucht. Schließlich kann sich Bernhard mit einer Frau verbinden, die keines der beiden Extreme verkörpert, die weder ‹überirdisch› schön, noch ‹unattraktiv› ist, mit einer Frau, die er im Zustand seiner Hemmung nicht angezogen beziehungsweise als potentielle Partnerin nicht erkannt hätte, mit einer Partnerin, die im anderen Geschlecht sein Pendant darstellt.

Dieser positive Regelkreis, nämlich eine andere geistige und seelische Haltung, ein anderer Ausdruck des eigenen Geschmacks in der Umgebung, der Abbau der gleichgeschlechtlichen Konkurrenzangst, erfüllende Partnerschaft usw., wird schließlich auch das Symptom des chronischen Blasenleidens zum Verschwinden bringen.

Dieses Beispiel gilt für viele chronische Erkrankungen: Gelingt es, die inneren und äußeren Verstärker zu beseitigen, die die Krankheit aufrechterhalten und chronifizieren, besteht – sofern nicht bereits irreversible Organschädigungen vorliegen – die Chance zur Heilung.

ZEHN TODESURSACHEN

1. TODESURSACHE
Wegfall einer Hauptkompensations- oder Projektionsfläche

Das Syndrom des ‹gebrochenen Herzens›, der Gedanke, daß die Trennung von einem nahen Freund oder Verwandten das Erkrankungsrisiko erhöht, hat einen festen Platz in der westlichen Kultur. In den Jahren seit 1950 gingen Forscher daran, diese These wissenschaftlich zu untersuchen. Überdurchschnittliche Erkrankungshäufigkeit fand sich bei Menschen, die gerade einen Verlust erlitten hatten. Le Shan und Worthington stellten fest, daß die Krebssterblichkeitsrate bei Witwen, Witwern und Geschiedenen höher war als bei verheirateten und ledigen Personen. Auch Krebspatienten wurden untersucht, und man fand, daß hier der nicht weit zurückliegende Verlust einer wichtigen Beziehungsperson überdurchschnittlich häufig war, wobei es den betroffenen Personen nicht gelungen war, andere Bindungen zu entwickeln. Während dieser Zeit veröffentlichten viele Psychiater Forschungsergebnisse, die die Hypothese der ‹Verlust-Erkrankung› zu stützen scheinen. Ihre Auffassung davon, was eine ‹Verlust-Erfahrung› sei, beschränkte sich nicht auf Trauerfälle oder eheliche Trennungen. Green und andere berichteten, ein sehr hoher Prozentsatz von Patienten mit Leukämie und Lymphoma hätten Symptome unmittelbar nach Erfahrungen entwickelt, die als dramatische Verluste charakterisiert werden können und auf die mit Gefühlen der Verzweiflung reagiert wurde. Zu den angeführten Arten von Erfahrung gehörten vor allem Tod und schwere Erkrankungen eines nahen Verwandten oder Freundes, aber auch Scheidung, Wohnungs- oder Schulwechsel, Klimakterium, das Eintreffen eines als Rivalen empfundenen Geschwisterchens sowie die drohende Trennung von der Mutter.

Richard Totman schreibt in *Was uns krank macht* (München 1982): «Menschen folgen in ihrem Umgang mit anderen Menschen sozialen Regeln. Wenn sie aufhören, die Regeln zu befolgen, aus welchem Grund auch immer, ist es wahrscheinlich, daß sie erkranken.» «Regeln» meint hier: Charakteristische Verhaltensformen in Beziehung zur sozialen Umwelt, persönliche Eigenarten in Gespräch und Beschäftigung, Vorlieben, Haltungen und Werte. Selbst das Verhalten von Exzentrikern und Immoralisten weist Konsequenz auf und kann als von Regeln bestimmt angesehen werden.

Alle möglichen Umstände können einem Menschen die Möglichkeit rauben, die gewohnten sozialen Regeln zu befolgen. Zum Beispiel der Tod des Ehepartners, Pensionierung oder soziale Ächtung. Die Forschung legt jedoch nahe, daß dabei nicht das Ereignis als solches entscheidend ist. Noch liegt es daran, daß solche Ereignisse Kummer verursachen. Der Grund liegt darin, daß sie den Menschen abrupt die Möglichkeit nehmen, sich wie gewohnt ihren Tätigkeiten und gesellschaftlichen Beziehungen hinzugeben und ihnen keine Alternativen liefern.

Jeder Mensch richtet sein Leben nach einem bestimmten inneren Plan aus. Dieser Plan ist sein Lebensprogramm, seine psychische Struktur. Dieses psychische System ist ein inneres Ökosystem mit ganz bestimmten Anlagen beziehungsweise Persönlichkeitsanteilen. Wie anfangs erwähnt, müssen solche Anlagen ausgebildet und ausgelebt werden. Da in unserer patriarchalen Kultur viele dieser Anlagen nicht entwickelt werden können, müssen die Anlagen und Energien des Menschen an das jeweilige Gesellschaftssystem, an die Normen und Ideale des Milieus und der Zeitepoche angepaßt werden. Es entstehen die erwähnten Anpassungs- und Abwehrmechanismen.

In diesem Zusammenhang ist insbesondere der Abwehr- und

Anpassungsmechanismus der Projektion relevant. Unter Projektion versteht man das ‹Nach-außen-Verlagern› von unbewußten Bedürfnissen, Wünschen und Konflikten. Dabei muß unterschieden werden zwischen einer Projektion, die aufgrund einer inneren Hemmung erfolgt (zum Beispiel wenn jemand ständig von anderen denkt, daß sie ihn ablehnen, und sich immer wieder die Bestätigung dafür holt), und einer Projektion, die kompensatorischen Charakter hat. Von dieser ist hier die Rede. Wer die Mühe scheut, einen Ausgleich zu schaffen, seine Bedürfnisse zu stillen oder sich selbst einen Wunsch zu erfüllen, versucht dies sehr oft über andere zu erreichen. Er projiziert einen Persönlichkeitsanteil auf einen Mitmenschen, der diesen stellvertretend für ihn ausleben soll. Solange der andere im Sinne dieser Projektion funktioniert, ist die Welt für den Projizierenden in Ordnung. Die Situation wird jedoch problematisch, wenn eine Projektionsfläche wegfällt, die bisher eine die Persönlichkeit stabilisierende Funktion hatte.

Dies war im Falle von Maria, einer sehr gutmütigen, 67jährigen Frau, der Fall, die genau in dem Augenblick starb, als ihre Tochter geschieden wurde. Maria hatte überall von der vorbildlichen Ehe ihrer Tochter und deren anständigen und lieben Ehemann erzählt. Sie war stolz, daß die beiden ein Haus gebaut und sie des öfteren dorthin eingeladen hatten.

Die Ehe ihrer Tochter stützte das Persönlichkeitssystem von Maria. Als die Scheidung ausgesprochen wurde, brach für sie ihre Welt zusammen. Dieser innere Zusammenbruch drückte sich dann äußerlich in Form eines Gehirnschlags aus, der sie auf offener Straße zusammenbrechen ließ.

Auch der 42jährige Volksschullehrer Raimund konnte den Wegfall einer Hauptprojektionsfläche nicht verkraften. Er hatte einen ‹mißratenen› Sohn, Helmut, der jahrelang für die Familie als seelischer Schuttabladeplatz für alles Mögliche herhalten mußte. Raimund projizierte auf Helmut seine sämtlichen Schattenanteile. Helmut galt als rebellisch, aggressiv, unzuverlässig, hinterhältig, lügnerisch und arbeitsscheu. Als er das Elternhaus verließ, hatte sein Vater niemanden mehr, dem er den ‹schwarzen Peter› zuschieben konnte. Sein im Unbewußten schlummerndes, aggressives und destruktives Potential tobte sich nun mangels äußerer Projektionsfläche in seinem Leib aus. Raimund starb an Magenkrebs.

Klara starb im Alter von 44 Jahren an Brustkrebs:

Klara hatte Manfred beim Tanzen kennengelernt. Für sie war es Liebe auf den ersten Blick. Von diesem Zeitpunkt an war sie von dem Wunsch beseelt, sämtliche Bedürfnisse ihres Partners zu stillen. Ihr eigenes Glück bezog sie aus dem Glück des anderen, eigene Bedürfnisse wurden verleugnet oder gänzlich verdrängt.

Nach zwei Jahren Ehe – sie heiratete mit 19 Jahren – kam der kleine Winfried zur Welt. Klara hatte nun gleich zwei Personen, für die sie sorgen und für die sie sich aufopfern konnte. Durch die Versorgung ihrer zwei Männer hatte sie das Gefühl, wichtig und unentbehrlich zu sein, gebraucht zu werden. Als Winfried im Alter von 20 Jahren nach England ging, um dort zu studieren, und zu dieser Zeit auch ihr Mann die Wohnung verließ, um zu einer anderen Frau zu ziehen, die er kurz vorher kennengelernt hatte, erhielt Klaras Psyche einen schweren Schlag. Ihr seelischer Schmerz war so tief, daß sie sich nur mit Psychopharmaka aufrecht halten konnte. Nachdem sie einige Zeit alleine gelebt hatte, stellte man ein Mammakarzinom fest. Zwei Jahre später starb sie an den Metastasen in Lunge und Niere.

Klara hatte ein geringes Selbstwertgefühl. Die einzige Möglichkeit, sich wertvoll zu fühlen, bestand für sie in der Versorgung ihres Gatten und ihres Sohnes. Nachdem ihr Mann und Winfried sie alleine in der Wohnung zurückgelassen hatten, fiel ihre Hauptkompensationsmöglichkeit weg. Sie fühlte sich wertlos und nutzlos. Es schien ihr so, als hätte sie damit keinen Lebenssinn und keine Existenzberechtigung mehr. Dies schlug sich schließlich auch somatisch nieder. Da die weibliche Brust das ausgeprägteste Organ für Versorgung ist, war es klar, daß gerade hier der Krebs seinen Ausgangspunkt nehmen mußte. Die Energie, die sie vorher in die Versorgung der Familie investiert hatte, wandte sich nun in pervertierter, destruktiver Form gegen sie selbst. Da keine Aussicht mehr bestand, daß ihr Ehemann oder ihr Sohn wieder zu ihr zurückkehren würden, und keine andere Möglichkeit zum Ausleben ihrer Anlage gegeben war, hatte ihr Unbewußtes auf Selbstvernichtung umgeschaltet.

Klara hätte auch einen so schweren Schicksalsschlag wie den Weggang ihres geliebten Ehemannes und den des Sohnes verkraftet, wenn sie noch andere Kompensationsmöglichkeiten gehabt hätte, d. h. wenn sie das Gefühl ihres Eigenwerts auch noch auf andere Art und Weise hätte stärken können, etwa durch ein Hobby oder durch eine berufliche Tätigkeit. So aber hatte sie nur auf eine einzige Möglichkeit der Verwirklichung gesetzt und war damit gescheitert.

Doch selbst diese Einseitigkeit hätte nicht zum Tode führen müssen, wenn Klara mit ihrem Drang, andere zu versorgen, nicht so fixiert gewesen wäre. Wenn sie ein kleines Speiserestaurant eröffnet hätte, um dort ihre Funktion als versorgende Mutter einnehmen zu können, oder wenn sie im Sozialwesen tätig geworden wäre, hätte sie für ihre Anlage ein neues Betätigungsfeld erschlossen, was die Somatisierung einer solchen Krise mit Sicherheit verhindert.

Bleiben wir einen Moment bei dem Punkt, daß der Partner, der nach der Trennung oder dem Tod des anderen zurückbleibt, besonders gefährdet ist, und beleuchten diese Situation etwas genauer.

In solchen Fällen kann nicht nur eine Projektions- und Kompensationsfläche, sondern auch eine Möglichkeit zum Austausch wegfallen. Wie könnte dies im einzelnen aussehen?

Wenn wir ein Partnerschaftsprofil aufstellen, aus dem ersichtlich wird, wo die Stärken und Schwächen des Paares liegen beziehungsweise in welchem Bereich zwei Menschen sich gegenseitig stärken oder schwächen, können wir diese Frage eher beantworten.

Grundsätzlich gibt es vier Möglichkeiten des Austauschs: die Partner stärken sich gegenseitig; die Partner schwächen sich gegenseitig; ein Partner stärkt oder schwächt den anderen. Zwei Menschen stärken sich gegenseitig, wenn beide die entsprechenden Fähigkeiten ausgebildet haben. Der eine schwächt den anderen, wenn er eine Anlage nicht oder kaum entwickelt hat, und beide verstärken die gemeinsame Schwäche, wenn sie auf einem Gebiet mangelhaft oder ungenügend entwickelt sind. Hat einer ein hohes Einkommen, während der andere nur Sozialhilfe erhält, wird der Stärkere durch den Schwachen geschwächt. Er muß ihn unterstützen, muß dessen Defizite auffüllen. Verfügt der Partner ebenfalls über ein gutes finanzielles Polster, wird die Finanzkraft eminent gestärkt. Befinden sich beide auf einem Minimum, wird hingegen die Schwäche verstärkt.

Allerdings gibt es auch Partnerkonstellationen, bei denen umgekehrt gerade durch die Schwäche des einen die Stärke des anderen geweckt wird, etwa wenn ein Partner so wenig durchsetzungsfähig ist, daß der andere sich gezwungen sieht, seine Anlage auf diesem Gebiet zu entwickeln.

Eine andere Form von Verstärkung und Bestätigung des eigenen Persönlichkeitssystems erfährt derjenige, dessen Partner auf verschiedenen Lebensgebieten den eigenen Vorstellungen entspricht. Stimmt der eine etwa in bezug auf Sprache, Benehmen oder Handeln mit dem eigenen innerseelischen Bild seines Partners überein, so wird der Betreffende dadurch seelisch stabilisiert. Noch ein weiterer Grad von Verstärkung ergibt sich, wenn ein Mann zum Beispiel von der Selbständigkeit und Dynamik seiner Frau überzeugt ist und sie dementsprechend behandelt. Dieser Glaube erzeugt bis zu einem gewissen Grad tatsächlich Selbständigkeit und Dynamik. Es liegt hier eine Art von ‹self-fulfilling-prophecy› vor, eine sich selbst erfüllende Erwartung.

Wir sehen also, wie komplex die beiden Persönlichkeitssysteme in einer Partnerschaft verflochten sind, wie Wohl und

Eigene Durchsetzung	Durchsetzung des Partners	Durchsetzung als Paar
Eigene Finanzen, Eigenwert	Eigenwert und Finanzen des Partners	Eigenwert als Paar, finanzielle Potenz als Paar
Eigener Status und Prestige	Status und Prestige des Partners	Status und Prestige als Paar
Eigene Kommunikation	Kommunikation des Partners	Kommunikation als Paar
Eigene Identität	Identität des Partners	Identität als Paar
Eigene Handlungsfähigkeit	Handlungsfähigkeit des Partners	Handlungsfähigkeit als Paar
Eigene Wahrnehmung	Wahrnehmung des Partners	Wahrnehmung als Paar
Eigener geistiger Besitz	Geistiger Besitz des Partners	Geistiger Besitz des Paares
Eigene Weiterbildung	Weiterbildung des Partners	Weiterbildung als Paar
Eigene Ziele	Ziele des Partners	Gemeinsame Ziele
Eigene Freizeitgestaltung	Freizeitgestaltung des Partners	Freizeitgestaltung als Paar
Eigene Phantasie	Phantasie des Partners	Phantasieentwicklung als Paar

Wehe des eigenen Schicksals sehr stark von unserem Umgang mit anderen abhängt. Die große Gefahr bei jeder Trennung von einer wichtigen Bezugsperson liegt darin, daß Defizite auf einem oder mehreren Lebensgebieten nicht mehr ausgeglichen beziehungsweise Energien nicht mehr ausgetauscht werden können, so daß eine Bestätigung und Stabilisierung des eigenen Persönlichkeitssystems ausbleiben kann. Der einzelne wird nicht mehr angenommen, beachtet, akzeptiert, geliebt, gelobt, gestreichelt usw. Er scheint als Person nicht mehr die Wichtigkeit zu haben, die er während der Beziehung für den Partner hatte.

Eine Trennung kann sich selbst dann ungünstig auswirken, wenn der Partner überwiegend negative Eigenschaften hatte. Trat dieser zum Beispiel als Unterdrücker, Querulant oder ‹Maßregler› auf, so waren diese negativen Eigenschaften unter Umständen auch Ausgleich für die Defizite des Verlassenen. Deshalb kann es ebenso sein, daß bei Wegfall einer solchen oberflächlich ungünstigen Situation der Betroffene krank wird oder stirbt, weil er durch diesen Verlust ins Ungleichgewicht gerät.

2. TODESURSACHE
Das Konsequenzprinzip

(Wer A sagt, muß auch B sagen)

Berühmte Theoretiker wie Leon Festinger, Fritz Hieder und Theodore Newcombe haben in dem Wunsch nach Konsequenz eine zentrale Triebfeder unseres Verhaltens gesehen. Dabei ist dieses Konsequenzprinzip manchmal so stark, daß es uns zwingt, etwas zu tun, was wir eigentlich überhaupt nicht tun möchten. Andererseits stellt der Zwang, nach innen wie nach außen konsequent zu sein, eine äußerst wirksame Waffe gegen gesellschaftliche Beeinflussung dar, die uns oft zu Handlungsweisen veranlassen will, die eindeutig gegen unsere ureigensten Interessen laufen.

Robert B. Cialdini schreibt in seinem Buch *Einfluß:* «Um zu begreifen, warum Konsequenz ein so starkes Motiv ist, muß man sich vor Augen halten, daß sie in den meisten Fällen geschätzt wird und anpassungsfähig ist. Inkonsequenz gilt allgemein als unangenehmer Persönlichkeitszug. Die Frau, die ihre Meinung wieder und wieder ändert, wird als launisch und flatterhaft angesehen. Der Mann, der sich in seinen Ansichten leicht beeinflussen läßt, steht in dem Ruf, unschlüssig und willensschwach zu sein. Bei wem Überzeugung, Worte und Taten nicht übereinstimmen, der gilt unter Umständen als wirr, unaufrichtig oder gar als nicht zurechnungsfähig. Ein hohes Maß an konsequentem Verhalten wird dagegen meistens mit persönlicher und geistiger Stärke assoziiert. Es wird gleichgesetzt mit Logik, Vernunft, Standhaftigkeit und Aufrichtigkeit. Konsequenz hat demnach in unserer Zivilisation einen hohen Stellenwert. Und das ist auch richtig so. Sie liefert uns eine gute Orientierungshilfe. In den meisten Fällen sind wir besser dran, wenn wir konsequent vorgehen. Ohne Konsequenz wäre unser Leben schwierig, sprunghaft und ohne große Linie.» Aber eben weil es zu unserem Besten ist, konsequent zu sein, verfallen wir sehr schnell in die Angewohnheit, es *automatisch* zu sein, auch dann, wenn es nicht der vernünftigste Weg ist. Wenn man einfach nur konsequent ist ohne nachzudenken, kann das verheerende Folgen haben – man kann aufgrund des Konsequenzprinzips sterben.

Rüdiger verbrachte seinen Urlaub an der spanischen Costa del Sol. Kurz nach seiner Ankunft – das Wetter war an diesem Tag verhältnismäßig kühl – buchte er für den nächsten Tag um zwölf Uhr mittags einen Tennisplatz. Spielpartner sollte ein Bekannter sein, der am Urlaubsort den Bungalow neben ihm bewohnte.

Obwohl Rüdiger in der Nacht kaum schlafen konnte, sich gesundheitlich nicht wohl fühlte und zudem am nächsten Tag brütende Hitze über dem Tennisplatz lag, wagte er nicht, den Termin abzusagen, weil er a) sich keine Blöße geben und b) seinen Nachbarn nicht enttäuschen wollte. Sein Prinzip – Wer A sagt, muß auch B sagen – zwang ihn, trotz der widrigen Umstände zum Spiel anzutreten. Da passierte es : Rüdiger brach mit einem Herzinfarkt auf dem Platz zusammen und war sofort tot.

Ähnlich ist der Fall von Erdmuthe, die vom Oberarzt der Klinik einen Operationstermin bekam. Obwohl in der Zwischenzeit die Unterleibsbeschwerden verschwunden waren (es hatten sich in ihrer Partnerbeziehung schwerwiegende Veränderungen ergeben), hielt sie an dem Operationstermin fest. Ihre Begründung: Das Arzt- und Pflegepersonal des Krankenhauses hat sich sicher schon auf diesen Termin vorbereitet. Ich will den Krankenhausbetrieb nicht durcheinanderbringen. Außerdem möchte ich nicht wankelmütig sein!

Erdmuthe starb zwei Tage nach ihrer Operation.

Die beiden Fälle machen deutlich, wie wichtig es ist, den Mut zu haben, sich eine ‹Blöße› zu geben. Sie illustrieren die Bedeutung von Flexibilität und wie notwendig es manchmal sein kann, eigene Entscheidungen zu revidieren.

Falschverstandene Konsequenz bedeutet, die Realität einer inneren und äußeren Wirklichkeit zu leugnen, die eigenen Bedürfnisse zu verdrängen, sich nicht an die veränderten Bedingungen, Umstände und Situationen anzupassen. Konsequenz bedeutet in diesem Fall, nicht das Leben als Richtmaß zu nehmen, sondern einen toten, pauschalen Maßstab von gestern oder vorgestern. Das Leben ist jedoch zu komplex, als daß wir an einmal getroffenen Entscheidungen immer festhalten können. Ob es sich um ein Ehe- oder Arbeitsverhältnis handelt oder ob man an der Vorstellung festhält, sein Kind unbedingt selbst erziehen zu müssen – es gibt kaum eine Entscheidung, die für immer aufrechterhalten werden muß.

Im Zusammenhang mit dem Konsequenzprinzip steht auch der sogenannte ‹point of no return›. Dieser Punkt, an dem es angeblich kein Zurück mehr gibt, ist das Ergebnis der Überzeugung: Wer A sagt, muß auch B sagen. Weil Ottmar trotz erheblicher Zweifel, ob Gabriele auch wirklich zu ihm passe, den Ehevertrag unterzeichnete, mußte er – so seine Vorstellung – auch konsequent bleiben, ein Kind zeugen und ein Haus bauen. Außerdem glaubte er aufgrund seiner Verantwortung gegenüber der Familie an seinem gänzlich ungeliebten Job festhalten zu müssen. Der ‹point of no return› war bald erreicht. Aussichtslosigkeit und Hoffnungslosigkeit, die für Krise, Krankheit und Tod anfällig machen, hatten sich in ihm ausgebreitet. Sein Tod schien besiegelt. Er sah keine Chance mehr zur Wende, zur Umkehr, zum Ausstieg, zu einem Neubeginn.

Das Konsequenzprinzip und damit der ‹point of no return› basieren letztlich auf Inkonsequenz gegenüber den Bedürfnissen der ersten Natur, auf der Wahrung des Scheins. Man handelt so, als würden das eigene Empfinden und Denken (Inhalt) und die Form, in der man lebt, immer übereinstimmen, getreu dem

Motto: Was das Leben auch bringen mag, man läßt sich nicht beirren. Diese Geisteshaltung (vergleichbar dem ‹gelobt sei, was hart macht›) ähnelt einer Märtyrermentalität. In Wirklichkeit handelt es sich dabei um eine Abwehr- und Schutzhaltung, welche zum Ziel hat, eigene Defizite im Persönlichkeitssystem nicht sichtbar werden zu lassen. So offenbart diese Geisteshaltung neben der auf die erste Natur bezogenen Inkonsequenz auch einen Mangel an Eigeninitiative und Wagemut sowie einen oft erheblichen Mangel an Selbstkritik und analytischen Fähigkeiten. Schließlich fehlt es oft an der Fähigkeit, sich selbst zu managen, Überkommenes aufzulösen und Alternativen zu finden.

Somit ist es eher Bequemlichkeit, Angst und Unfähigkeit, die den einzelnen einen harten Kurs einschlagen lassen. Anders ausgedrückt: Die destruktive Härte gegen sich selbst, gegen die eigene Natur und gegen das eigene Wesen ist die Folge von Unsicherheit und Schwäche im Verhalten nach außen. Wirklich konsequent ist nur derjenige, der den Mut hat, die Diskrepanz zwischen seinen Bedürfnissen und der Umwelt wahrzunehmen und schließlich zu beseitigen, selbst auf die Gefahr hin, daß die Umgebung kopfsteht.

Dies ist zunächst der unbequemere Weg. Er hat jedoch langfristig gesehen nur positive Wirkungen, insbesondere bleibt das eigene Selbst und seine Verwirklichung nicht auf der Strecke und damit auch nicht das eigene Leben.

Gertrud, eine sehr attraktive 36jährige Frau, hatte ihr Verhaltens- und Denkmuster von ihrer Mutter übernommen. Ihr Vater war bereits im Alter von 39 Jahren einem Herzinfarkt erlegen.

Gertrud hatte im Alter von 19 Jahren Torsten kennengelernt. Torsten studierte Maschinenbau an der TH in München. Er war ein ruhiger und sensibler junger Mann, der sich von Anfang an Gertrud gegenüber nicht richtig behaupten konnte. Gertrud war einfach psychisch zu stark für ihn. Sie hatte ganz bestimmte Vorstellungen und Erwartungshaltungen, die sie erfüllt haben wollte – und Torsten funktionierte in ihrem Sinne. Sie erwartete zum Beispiel, daß er sie täglich anrufen, daß er sie in ganz bestimmten Situationen küssen, daß er ihr mindestens einmal im Monat Blumen mitbringen und daß er immer auf dem Nachhauseweg von der Uni kurz bei ihr vorbeischauen würde.

Torsten hatte praktisch keine Minute mehr für sich selbst zur Verfügung. Wenn er doch einmal etwas außerplanmäßig unternahm, hatte er ein schlechtes Gewissen gegenüber Gertrud, die ihn dann auch prompt maßregelte.

Gertrud war aber kein schlechter Mensch. Sie meinte es gut mit Torsten und gab ihm seelische Wärme – sie mochte ihn sehr. Sie wollte ihn nicht einengen und maßregeln, wollte ihn weder kontrollieren, noch unter Druck setzen, und dennoch mußte sie es wie unter Zwang tun, weil sie kein anderes Verhaltensmuster zur Verfügung hatte und durch Torstens Verhalten scheinbar dazu gezwungen wurde.* Torsten drohte zu ersticken, ähnlich wie Gertrud die Luft wegblieb, als sie als Kind jahrelang unter Asthma litt. Denselben Druck, den sie damals durch ihre Mutter erfahren hatte, gab sie nun aktiv weiter und verhinderte damit einen Rückfall in ihre frühere Krankheit. Wie Gertrud es von ihm erwartet hatte, äußerte Torsten eines Tages den Wunsch, mit ihr zusammenzuziehen. So gingen sie auf Wohnungssuche und fanden eine schicke, kleine Dachwohnung, die sie sich gemütlich einrichten wollten.

Vierzehn Tage vor dem Einzug fragte Torsten Gertrud, ob er nicht mit einem Freund am Wochenende eine Skitour machen dürfe. Großzügig willigte Gertrud ein. Am Sonntag erfuhr sie die schreckliche Nachricht: Torsten war in den Bergen 200 m tief abgestürzt und sofort tot.

Bei näherer Analyse wurde klar, daß Gertruds Erwartungshaltungen in bezug auf ihren Partner und ihre Vorstellungen vorwiegend aus der Norm abgeleitet waren, die allgemein für eine feste Beziehung mit einer anderen Person gültig ist. Gertrud interpretierte diese Norm auf ihre Art und Weise – so, wie sie sie

* Siehe zu dieser Problematik auch mein Buch *Gesetze des Schicksals,* Sphinx Verlag, Basel 1989.

leben konnte. Sie erkannte aber nicht, daß der Partner eine andere seelische Eigenart hat und daher diese Lebensform eigentlich auf Dauer gar nicht erfüllen kann. Und wenn Torsten es versuchte oder sogar zeitweise schaffte, mußte er dafür seine Eigenart und damit seine Lebendigkeit abwürgen. Er wurde somit zum Todeskandidaten.

Damit dieses innere Abtöten nach dem Gesetz der Affinität auch außen als unbewußte Selbsttötung vollzogen wird, muß jedoch noch ein maßgeblicher Faktor dazukommen. Im Unbewußten des Betreffenden muß das Gefühl der Hoffnungslosigkeit und Aussichtslosigkeit vorherrschen. Es muß mit einer subjektiven Gewißheit erlebt werden, daß es keinen Ausweg mehr gibt, daß es auch zukünftig keine Chance mehr gibt, der Zwangslage, der Erstickung des Lebens zu entkommen.

Torstens Unbewußtes ist in die Enge getrieben worden. Er hatte Angst vor Gertrud. Er sagte sich im Unbewußten: Wenn ich jetzt schon, wo wir noch getrennt wohnen, keine Chance habe, mich als Individuum zu entfalten, um wieviel mehr bin ich dann bei einem Zusammenleben der Partnerin auf Gedeih und Verderb ausgeliefert. Da bin ich dann Tag und Nacht überwacht und kontrolliert. Andererseits kann ich von dieser Frau nicht mehr loskommen – ich brauche ihre Wärme und Zärtlichkeit. Darauf kann ich nicht mehr verzichten. Außerdem gibt es nun kein Zurück mehr: Wer A sagt, muß auch B sagen!

Ein letzter Zweifel kommt auf: Vielleicht sollte ich Gertrud sagen, daß ich es mir anders überlegt habe, daß ich nun doch nicht mit ihr eine gemeinsame Wohnung nehmen will, oder ich beende einfach die Beziehung! Ja! Ich verschwinde einfach und tauche irgendwo anders wieder auf!

Nein! Das kann ich Gertrud nicht antun! Das kann ich meiner ganzen Umgebung nicht antun! Was würden unsere Bekannten und Verwandten dazu sagen! Ich muß mich meinem Schicksal beugen. Ich darf mein Gesicht nicht verlieren! Ich will weiter anerkannt und geachtet sein!

In dieser Stimmungslage fuhr Torsten mit seinem Freund zum Skifahren. Sein Tod war eine Befreiung. Sein Unbewußtes hatte ihn präzise dorthin geführt und an die Stelle geleitet, wo der Flug (Sturz) in die Freiheit des Todes möglich war. Er wollte weder mit Gertrud zusammenleben, noch sein Gesicht verlieren. Sein Unbewußtes entschied sich für einen Kompromiß, nämlich für den Tod – so konnte er sowohl vor Gertrud als auch vor den Bekannten bestehen! Keiner konnte ihm etwas Schlechtes nachsagen! Es war ein Unfall – er starb bedauernswert. Gertrud war verzweifelt: «Ausgerechnet dann mußte so etwas passieren, wo es doch in der gemeinsamen Wohnung so schön hätte werden können!»

Zwei Jahre später lernte sie auf einer Party Norbert kennen, mit dem sie kurze Zeit später zusammenzog. Von Anfang an gab es in dieser Beziehung harte Machtkämpfe. Norbert beschimpfte Gertrud heftig, wenn sie versuchte, ihm Vorhaltungen zu machen. Er dachte nicht daran, auch nur eine einzige ihrer Erwartungen zu erfüllen. Häufig tat er gerade das Gegenteil. Des öfteren kam es zwischen beiden auch zu Handgreiflichkeiten.

Als er sie eines Abends brutal schlug, faßte Gertrud den Entschluß zu fliehen. Noch in derselben Nacht packte sie ihre Koffer und fuhr zu ihrer Mutter. Sie sah Norbert nie wieder.

Nach einiger Zeit lernte sie Ben kennen. Ben war gerade durch einen beruflichen Mißerfolg psychisch angeschlagen und sehnte sich daher nach einer Frau, die ihm Halt und Sicherheit geben würde. Binnen kurzer Zeit hatte Gertrud Ben total vereinnahmt. Wegen jeder Kleinigkeit fragte er Gertrud um Erlaubnis. Er war total in ihrem psychischen Magnetfeld gefangen. Seine Individualität wurde abgewürgt. Er war nur noch darauf bedacht, die Rolle in dem Film ‹Feste Zweierbeziehung› gut zu spielen. Sein Lebenstrieb stagnierte mehr und mehr. Eines Tages erlitt er auf offener Straße einen tödlichen Herzinfarkt.

Als Gertruds psychische Struktur beziehungsweise ihr Verhalten analysiert wurde und dadurch ihre komplementäre Verflochtenheit mit dem Tod von Torsten und Ben zutagetrat, konnte sie nur eines nicht verstehen: daß Torsten selbst den Wunsch geäußert hatte, mit ihr zusammenzuziehen. Aufgrund der gesetzmäßigen Verflochtenheit zwischen Kompensator (hier: Gertrud) und Gehemmten (hier: ihre Männer), entsprachen die von ihr bevorzugten Männer stets dem von Gertrud erwarteten Verhaltensmuster. So auch Ben. Einem magischen Zwang folgend, stellte auch er sich eine gemeinsame Zukunft mit Gertrud vor, weil und wie sie es erwartete. Die Männer stimmten Gertrud zu, ohne selbst von dem Ausgesprochenen überzeugt zu sein. Sie wurden von ihr unbewußt zu einem Lippenbekenntnis zu ihrem Vorstellungsmuster, das sie instinktiv erahnten, gedrängt. Und Gertrud schenkte den Äußerungen ihrer Freunde Glauben. Sie war dann nur jeweils bitter enttäuscht, wenn jene aufgrund ihres Ablebens ihr Versprechen nicht mehr einlösen konnten . . .

Aber wie kann Gertrud ihr ungünstiges Verhaltensmuster aufgeben?

Die große Chance, ihr destruktives Muster in ein konstruktives zu verwandeln, hätte sie bei Norbert gehabt. Norbert hat sich als einziger Mann gegenüber ihrer psychischen Stärke behauptet. Er hat seine persönliche Eigenart, seine Individualität durchgesetzt und ihr gezeigt, daß ein anderer Mensch andere Motive, andere Vorstellungen und andere Ziele hat. Er dachte nicht daran, Gertruds ‹Programm› zu erfüllen. Jedesmal, wenn sie ihn in ihr Muster pressen, ihn einengen wollte, hat er sich auf alle Arten gewehrt.

Es ist zu bezweifeln, daß Schlagen das richtige Mittel ist; aber für Norbert war es Notwehr. Es hat sein Überleben gesichert. Leider hat Gertrud aus dieser Beziehung nicht die richtigen Schlüsse gezogen. Sie hat die Schuld gänzlich auf Norbert projiziert und wurde dabei von ihrer Umgebung bestätigt; denn eine schwache Frau schlägt man nicht. Sie konnte damit die Bewußtwerdung ihrer eigenen Beteiligung, ihrer eigenen Ursachensetzung erfolgreich abwehren und auch die Todesfälle in ihrer Vergangenheit weiter im Rätselhaften belassen, sie weiterhin als Folge eines unergründlichen Ratschlusses des Schicksals ansehen. Sie hat also nichts daraus gelernt!

Solange die Einsicht in die Ursachen bei sich selbst und damit in die eigene Therapiebedürftigkeit nicht besteht, ist es ein aussichtsloses Unterfangen, ihr altes Denk- und Verhaltensmuster aufzulösen. Ist jedoch eine solche Bereitschaft zur Bewußtwerdung und Einsicht gegeben, besteht eine reelle Chance zur Gesundung. Denn nun kann sie sich jedes Mal zurücknehmen, wenn sie sich dabei ertappt, ihren Freund zu bevormunden und zu vereinnahmen. Sie kann sich sagen: Stop! Das will ich nicht! Das bringt weder mir selbst noch meinem Partner etwas ein. Ich will meine Energien anders einsetzen – konstruktiver, effektiver, lebensfördernd.

Dazu ist es allerdings erforderlich, daß Gertrud weiß, was sie an die Stelle ihres destruktiven Programms setzen kann, wie ihr ‹Gesundheitsbild› im Gegensatz zu ihrem ‹Krankheitsbild› aussehen könnte.

Sie muß wissen, wofür ihre alten Ideale und ihre Tendenz zur Maßregelung und Kontrolle als Ersatz stehen. Die Ideale sind Ersatz für *eigene* Ziele und die Maßregelung und Kontrolle Ersatz für die Aktivitäten und Energien, die eingesetzt werden müssen, um diese persönlichen Ziele zu erreichen.

Wenn es Gertrud gelingt, tatsächlich an der Verwirklichung von ureigenen Zielen zu arbeiten, hat sie gar keine Zeit mehr für solche unnützen Beschäftigungen wie Kritisieren und Kontrollieren. Sie ist dann für sich selbst verantwortlich und nicht mehr für das Verhalten ihres Partners.

Wenn sie immer mehr Erfolgserlebnisse auf dem Weg zu den eigenen Zielen verzeichnen kann, festigt und verstärkt sich auch ihre Eigenart. Je mehr sie ihre Anlagen und Fähigkeiten entfaltet, um so mehr besitzt sie sich selbst – ihre Tendenz, den anderen besitzen zu wollen, läßt nach. Sie ist dann ein freier und unabhängiger Mensch geworden, der fähig ist, sich mit einem Partner auf den verschiedenen Lebensgebieten auszutauschen. Sie ist nicht mehr abhängig von der Abgrenzungsschwäche und dem mangelnden Eigenwert des anderen und hat dann ihr altes Programm gelöscht.

Abschließend sei nochmal klar herausgestellt: Da Gertrud unter den nicht erfüllenden Beziehungen und schließlich aufgrund des Ablebens der Partner litt, trifft sie an dem Tod von Torsten und Ben keine ‹Schuld› im herkömmlichen Sinne. Sie wollte – wie im Grunde seines Herzens jeder Mensch – das Gute und Schöne. Sie konnte jedoch aufgrund ihrer unverwirklichten Anlagen nicht anders fühlen, denken und handeln. Ihr Verhaltensmuster war lediglich Folge beziehungsweise Reaktion auf diese Defizite.

Dazu komplementär standen die psychischen Strukturen von Torsten und Ben, die ebenfalls unverwirklicht waren. Torsten und Ben brachten aufgrund ihrer Prägung im Elternhaus bereits die Disposition mit, sich von Gertrud fremdbestimmen zu lassen. Sie hatten nicht gelernt, sich ihr gegenüber zu behaupten und abzugrenzen. Ferner glaubten sie an die Norm, an das, was eine ‹richtige› Beziehung auszeichnet, und wurden dadurch in die Opferrolle gedrängt. Insofern hatten die Mechanismen in der jeweiligen Beziehung für sie eine tödliche Konsequenz, weil eine aktive Konsequenz in bezug auf Durchsetzung der persönlichen Eigenart nicht an den Tag gelegt wurde.

3. TODESURSACHE
Der Werther-Effekt

«Die Geschichte des Werther-Effekts fasziniert und macht gleichzeitig frösteln», meinte Robert B. Cialdini. Vor mehr als 200 Jahren schrieb der große Mann der deutschen Literatur, Johann Wolfgang von Goethe, seinen Roman *Die Leiden des jungen Werther*. Die Geschichte, dessen Held Selbstmord begeht, hatte enorme Wirkung. Sie brachte Goethe nicht nur schnellen Ruhm, sondern löste auch in ganz Europa eine Welle von Selbstmorden aus. Die Nachahmer waren so zahlreich, daß die Behörden mehrerer Länder den Roman verboten.

Professor Phillips, Soziologe an der University of California in San Diego, hat in einer Arbeit den Werther-Effekt in heutiger Zeit untersucht. Er hat mit seinen Studien belegt, daß unmittelbar nach einer publizistisch groß aufgemachten Selbstmordgeschichte in den Verteilergebieten der Nachricht die Selbstmordrate drastisch ansteigt. Phillips behauptet, daß bestimmte leidende Menschen, die vom sich selbst auferlegten Tod eines anderen lesen, diese Tat nachahmen. Aus einer krankhaften Deutung des Prinzips der ‹sozialen Bewährtheit› heraus beschließen diese Menschen, nach dem gleichen Grundsatz zu handeln, nach dem schon andere gequälte Menschen gehandelt haben.

Phillips sammelte seine Beweise für den Werther-Effekt durch Untersuchungen der Selbstmordstatistik der Vereinigten Staaten von 1947–1968. Er stellte fest, daß in den zwei Monaten nach der Veröffentlichung einer Selbstmordgeschichte auf der ersten Seite im Durchschnitt 58 Menschen mehr als sonst Selbstmord begingen. Jede Selbstmordgeschichte tötete also gewissermaßen 58 Menschen, die wahrscheinlich weitergelebt hätten. Phillips ist weiter der Ansicht, daß alle über dem Durchschnitt liegenden Selbsttötungen, die auf eine groß aufgemachte Selbstmordgeschichte folgen, sich auf dieselbe Art und Weise erklären lassen: imitierte Selbstmorde. Wenn sie vom Selbstmord eines anderen Menschen hören, beschließt eine erschreckend große Zahl von Menschen, daß Selbstmord auch für sie eine angemessene Handlungsweise ist. Einige dieser Personen gehen dann daran, ihn ohne viel Aufhebens sofort durchzuführen, was die Selbstmordrate sprunghaft erhöht.

Andere dagegen handeln weniger direkt. Aus unterschiedlichen Gründen – um ihren Ruf zu wahren, um ihrer Familie die Schande und den Schmerz zu ersparen oder etwa um die Hinterbliebenen in den Genuß der Versicherungsleistung kommen zu lassen – möchten sie nicht, daß ihre Selbstmordabsicht erkannt wird. Es ist ihnen lieber, wenn es so aussieht, als wären sie Opfer eines Unfalls geworden. Das läßt sich auf verschiedene Arten bewerkstelligen, ohne daß es nötig ist, den Unfall bewußt zu planen. Diese Art von Selbsttötung ist die Ursache sehr vieler Verkehrsunfälle. Der Fahrer eines Wagens kann plötzlich gegen einen Baum oder ein entgegenkommendes Fahrzeug steuern. Der Mitfahrer kann den Fahrer so stark ablenken, stören, irritieren oder behindern, daß es zu einem tödlichen Unfall kommt. Die alarmierende Zunahme schwerer Unfälle, die wir nach groß aufgemachten Selbstmordgeschichten erleben, ist nach Ansicht von Phillips höchstwahrscheinlich auf einen heimlichen Werther-Effekt zurückzuführen.

Es wäre jedoch ein verhängnisvolles Mißverständnis, in der groß aufgemachten Veröffentlichung einer Selbstmordgeschichte die eigentliche Ursache für die Nachahmung zu sehen. Solche Meldungen sind nur Verstärker einer ‹Bereitschaft›, die vorher schon vorhanden war. Die Nachricht vom Selbstmord eines anderen wirkt als Auslöser für das in der eigenen negativen Anlage oder in der bedrängenden Situation bereits vorhandene

Selbstvernichtungspotential. So wie bei Einfall des Föhns viele Menschen Kreislaufprobleme oder Kopfschmerzen bekommen, reagieren manche, die die Disposition dazu in sich tragen, auf eine ‹negativ geladene› Zeitqualität mit Unfällen oder mit Selbstmord. Zudem ist es nicht ohne Belang, auf welche Weise der einzelne stirbt. So wie jedes Krankheitssymptom auch Symbolcharakter hat (so bildet zum Beispiel das Unbewußte eines Menschen, der sich eine schwere Verantwortung aufgebürdet hat, oft Kreuzschmerzen aus), so ist auch die individuelle Todesart Symbol und Gleichnis für den zugrundeliegenden seelischen Konflikt.

Wer das Leben des Menschen kennt, der dem frühen Tod zum Opfer fällt, und die Symbolsprache des Schicksals zu dechiffrieren versteht, wird erkennen, daß letztlich immer ein Zusammenhang zwischen der Todesart und der biographischen Situation des Opfers besteht. Der Tod kommt also nicht von ungefähr, sondern ist bereits das letzte Glied einer langen Kette von unbewußten Verstößen gegen Lebensprinzipien und Schicksalsgesetze. Ebensowenig ist die Todesart Zufall, die als Gleichnis gewissermaßen eine Warnung für die Hinterbliebenen darstellt.

Man kann solche Todesfälle auch als Ratschlag des Schicksals sehen, nicht jeder Autorität oder jedem Arzt zu vertrauen, nicht unreflektiert Tabletten oder Spritzen zu konsumieren, Alkohol oder Nikotin weitgehend zu vermeiden, sich umsichtiger in die Gefahren des Straßenverkehrs zu begeben, statt äußerer Reisen vermehrt innere (geistige) Reisen zu unternehmen usw.

Den Tod als ‹Freund› zu sehen kann auch zur Bewußtwerdung der vielfältigen Gefahren dienen, die der Mensch in der Zivilisation selbst geschaffen hat. Die ‹feindliche› Natur hat er besiegt und ist dabei sich selbst zum größten Feind geworden. Heute, wo es darum geht, die Transformation von der patriarchalen zur ökologischen Kultur zu vollziehen, um den globalen Tod zu vermeiden, kann letzterer uns auch helfen, endlich den eigentlichen Wert des Lebens zu erkennen. Das heißt, daß er uns hilft, alles zu unterlassen, was eine Gefährdung des Lebens darstellt.

4. TODESURSACHE
Kein Weg und kein Ziel

Die meisten Menschen haben keine eigenen Ziele Wer aber kein eigenes Ziel hat, muß im Sinne der Ziele anderer funktionieren. Er wird von außen gesteuert, er kann nur reagieren. Kein eigenes Ziel zu haben bedeutet aber auch, seine kostbare Lebenszeit nicht richtig einzusetzen, seine Zeit zu verschleudern für unnütze Beschäftigungen, die weder der eigenen Person noch der Gesellschaft etwas einbringen, ja, die sogar Mensch und Umwelt gefährden.

Kaum jemand hat Angst, seine Lebenszeit zu verschenken, wenn er etwa Auto fährt, fernschaut, Radio hört, Kriminal- oder Liebesromane liest oder Rasen mäht. Die Liste der Zeitvergeudungsmöglichkeiten in unserer kranken Gesellschaft ist endlos, zeichnet doch den Neurotiker aus, daß er sich auf ein Nebenfeld des Seins begibt, um nur ja nicht auf dem Hauptfeld Veränderungen vornehmen zu müssen. Bezeichnend für eine ‹Zeitvergeudungsbeschäftigung› ist,

1. daß sie von jedem durchgeführt werden kann (die individuelle Eigenart kann nicht entwickelt werden und kommt nicht zum Ausdruck – die Beschäftigung ist weder geschlechtsspezifisch noch anlagenspezifisch, noch entwicklungsspezifisch);

2. daß es dabei egal ist, ob man zwanzig Jahre, vierzig Jahre oder siebzig Jahre alt ist (die spezifischen Freuden der Alters-

gruppen kommen nicht zum Tragen – also auch keine Altersspezifität);

3. daß dabei nie etwas herauskommt, daß nie etwas geerntet werden kann;

4. daß dadurch keine körperliche, seelische oder gar geistige Entwicklung gefördert wird (im Gegenteil: Autofahren, Fernsehen, ständiges Musikhören oder Rasenmähen ist mit einer fortschreitenden Verdummung verbunden – eben weil die wertvollen menschlichen Anlagen dabei brachliegen).

Während einer stupiden Beschäftigung, wie zum Beispiel beim Autofahren, ist man lebend tot – man kann ja in dieser Zeit weder genußvoll essen und trinken, noch Sport treiben, noch Zärtlichkeiten austauschen, noch tief nachdenken, noch Sachbücher lesen und sich weiterbilden usw., kurzum weder Freude am Körper, an der Seele noch am Geist erleben. Ein Neutrum sein und lebend tot sein, das ist das Wesen der Beschäftigungen auf dem Nebenfeld des Seins. Die ureigene Lebendigkeit wird nie gespürt, das Leben läuft an einem vorbei. Romane und Film- und Fernsehstories liefern ein Ersatzleben, ein gespieltes Leben frei Haus. Vergangenheit, Gegenwart und Zukunft gibt es nicht. Man kann nie etwas wirklich Interessantes mitteilen.

Um Mißverständnissen vorzubeugen: Es geht nicht darum, permanent nur etwas Sinnvolles, Nützliches und Effizientes in seiner Freizeit machen zu müssen. Man braucht mal Zeit zum Entspannen, zum Dösen und Schlafen, will auch mal etwas tun, was vielleicht wenig geistvoll ist; aber fest steht, daß, wenn ein Mensch täglich nur zwei Stunden an der Ausbildung einer Anlage arbeitet, er in dieser Beziehung bereits nach ein bis zwei Jahren aus der Masse herausragt, daß er dann bereits zu ernten beginnen kann, daß der Erfolg im Vergleich zu anderen ihm sicher ist – ganz einfach deshalb, weil fast alle Menschen ihre Anlagen brachliegen lassen.

Ferner gilt es zu bedenken, daß die entfremdeten Tätigkeiten im Berufsleben oft eine ebenso entfremdete Freizeitbeschäftigung nach sich ziehen. Viele müssen in ihrem Privatleben erst mal abschalten von Hektik und Streß und brauchen dringend einen Ausgleich zu ihrem beruflichen Trott; doch sollte sich der einzelne im klaren sein, daß ein solcher Ausgleich nicht seine persönliche Eigenart in seinem Freizeitverhalten wiedergibt, daß er bei einer anderen, weniger entfremdeten Tätigkeit auch ein anderes Freizeitverhalten an den Tag legen würde.

Die Ziele auf dem Nebenfeld des Seins sind imaginäre Ziele. Sie sind nur aus der Neurose heraus entstanden. Niemand muß wirklich am Wochenende mit dem Auto Hunderte von Kilometern fahren, um irgendwo einkehren zu können, niemand muß wirklich den Rasen mähen – man kann auch seinen Garten anders bepflanzen oder das Gras wachsen lassen. Für die meisten Menschen gilt als Ziel, die Normen und Ideale der patriarchalen Kultur zu erfüllen, ein rechtschaffener und normgerechter Mensch zu sein. Das sind jedoch nur Ersatzziele, Ziele, die nur so lange als ‹Krücke› in der Entwicklung des Menschen Sinn haben, bis der einzelne eigene Ziele zu konzipieren und zu verwirklichen imstande ist. Nach der Norm oder nach einem allgemeinen Ideal zu streben bedeutet also, noch kein eigenes Ziel, noch keine Eigenart auf dem spezifischen Lebensfeld entwickelt zu haben (wer sich zum Beispiel nur nach den Idealen der Mode richtet, hat noch keinen eigenen Geschmack ausgebildet). Das Gefährliche daran ist, daß das Schicksal immer dort zuschlägt, wo keine eigene Vorstellung, keine eigenen Pläne und Konzepte, kein eigener Weg und kein eigenes Ziel vorhanden sind. Der einzelne bekommt den Weg und das Ziel dann von außen diktiert. Das, was er innen nicht hat, wird ihm von außen – meist auf eine sehr unangenehme Art und Weise – aufgezwungen werden. Er kann dann nur noch auf das reagieren, was ihm das Schicksal bietet – die Entlassung bei der Arbeit, die Trennung vom Partner, die Krankheit, den Unfall . . .

Bei dieser Art von Passivität werden Ursache und Wirkung zum Teufelskreis: Wenn jemand keinen Sport treibt, bekommt er Herz- und Kreislaufbeschwerden, und weil er Herz- und Kreislaufbeschwerden hat, treibt er keinen Sport mehr! Auch verstärkt in diesem Kreis oft die Wirkung die Ursache: Weil kein eigener Weg und kein eigenes Ziel, deshalb die Schicksalsschläge, und weil die Schicksalsschläge, deshalb kann der einzelne noch weniger die eigenen Vorstellungen und die eigenen Ziele verwirklichen; denn er muß ja dann nach einem neuen Arbeitgeber suchen, die Scheidung durchziehen, den Arzt aufsuchen, die Unfallfolgen beseitigen ... Er muß die Folgen der von ihm gesetzten Ursachen beseitigen, verliert Zeit, verzettelt und erschöpft sich dabei. Jetzt ist er *gezwungen,* aktiv zu werden und etwas zu tun, während er sich vorher nicht aufraffen konnte. Jetzt *muß* er Dinge erledigen, die keine Freude bereiten, die ihn noch weiter von seinem Wesen und vom Wesentlichen abbringen. Er muß strampeln, daß er die Ausgangsposition, zum Beispiel die Gesundheit, wieder erreichen kann.

Besonders schwerwiegend ist die Lebenszeitvergeudung bei einem Arbeitnehmer, der tagsüber eine entfremdete Tätigkeit verrichten muß und der nur für einen sehr beschränkten Aufgabenbereich zuständig ist. Er ist während seines Aufenthaltes in der Fabrik oder im Büro ebenso lebend-tot wie der Autofahrer oder der Fernsehzuschauer. Er kann während seiner Arbeitszeit nicht tun, was für ihn wichtig wäre. Er kann sich nicht informieren, sich nicht weiterbilden, kann keine Chancen wahrnehmen, kann kaum Ideen entwickeln, geschweige denn verwirklichen, kann keine eigenen Ziele verfolgen. Sein Leben erschöpft sich in Nebensächlichkeiten. Es läuft seine genormte Bahn. Jahraus, jahrein derselbe Trott. Man kann ihm bei seiner Arbeit kein Glück oder Erfolg wünschen, weil er so etwas dort nicht erwirken kann. Er kann vom Schicksal nicht belohnt werden für Tatkraft, Mut und Initiative, für rhetorisches Geschick, für sein Einfühlungsvermögen, für sein Engagement, für seine Managementfähigkeiten, für seine Intuition, für seine Voraussicht, für seine Erfindungsgabe, für seine Ideen und seine Phantasie. Da diese und andere Fähigkeiten bei einem vorgegebenen Arbeitsmuster kaum gefragt sind, verkümmern sie. Aufgrund der zunehmenden Schwächung dieser Anlagen entwickelt sich der einzelne noch weniger, wird mutlos und resigniert zuletzt.

Eine weitere negative Verstärkung bedingen schließlich die unfruchtbaren Gespräche und Diskussionen, die ständig und überall geführt werden und die weder dem Individuum selbst noch der Menschheit je etwas einbringen. So redet ‹Otto Normalverbraucher› häufig nur darüber, in welchem Lokal er gestern war, wieviel er getrunken, welches Fernsehprogramm er angesehen hat, welches Auto er fährt, wie das Wetter morgen wird und wie das Wetter damals war. Lebenswichtige Themen, die aus der Tretmühle herausführen würden, kommen kaum zur Sprache. Wenn überhaupt, so planen die meisten Menschen mit den anderen zusammen nur etwas, was der Norm entspricht. Wäre es nicht sinnvoller, wenn sich Freunde zusammentun und überlegen, wie sie sich selbst und den Mitmenschen mehr Lebensqualität und Freude schenken können? Als Nebeneffekt ist bisweilen sogar noch ein finanzieller Gewinn möglich. Es gibt Menschen, die in ihrem Leben nur eine einzige Stunde über etwas Wichtiges, zum Beispiel über die Realisation einer Idee, über eine Geschäftseröffnung oder eine Firmengründung gesprochen haben und fürstlich dafür belohnt wurden. Der Normalfall ist leider, daß die meisten nie ein wichtiges Gespräch führen, nie eine wichtige Entscheidung fällen und daher nie im Leben zum Zuge kommen. Ja, es besteht sogar oft eine Abwehr gegenüber wesentlichen und wichtigen Themen. Wer wesentlich wird, merkt, daß er nicht beliebt ist; man will mit dieser ‹bösen› Person nichts zu tun haben. Er soll sich schuldig fühlen, weil er die Dinge in Frage stellt, so ‹destruktiv› ist.

Die Ziele auf dem Nebenfeld des Seins sind vergleichbar mit den Zielen eines Süchtigen. Suchtmittel sind Ersatzziele für echte, eigene Ziele, die nicht entwickelt und verwirklicht werden konnten. Das bewußte angestrebte Ziel ist das Suchtmittel, das unbewußte Ziel ist zum Beispiel der Lungenkrebs, der Leberschaden, die Persönlichkeitszersetzung usw. Weil kein eigener Weg zu einem eigenen Ziel eingeschlagen wird, wird unbewußt der Weg der Krankheit und als Ziel der Tod gewählt. Nicht, weil das Unbewußte so ‹gemein› ist und einem was auswischen will oder weil es in sadistischer Manier sagt: Gut, wenn du keinen eigenen Weg und kein eigenes Ziel hast, dann zeige ich dir über einen destruktiven Weg und ein destruktives Ziel, wo es langgeht – sondern weil die natürlichen Anlagen und Energien des Menschen nicht entwickelt und eingesetzt, sondern verdrängt wurden und sich dadurch die Energien gegen die Person selbst wenden (Gesetz der Wiederkehr des Verdrängten).

5. TODESURSACHE
Ausweglosigkeit

(Anpassung an die Normen und Ideale der Kultur)

Thomas arbeitete ganztägig als Ingenieur in einem mittelständischen Unternehmen und war bereits acht Jahre mit Petra verheiratet, als er die Sekretärin Birgit kennenlernte. Da er Birgit innig liebte, konnte er von dieser Beziehung nicht mehr lassen. Von nun an mußte Thomas sowohl die Interessen der Ehefrau als auch die seiner Freundin berücksichtigen. An Feiertagen wie Weihnachten, Ostern oder Pfingsten zeigte sich dieser Konflikt besonders deutlich. Da aus seiner Ehe zwei Kinder hervorgegangen waren, erwartete man von ihm, daß er auch auf ihre Bedürfnisse eingehe. Ein Eigenleben war für ihn nicht mehr möglich. Dieser Zustand währte bereits drei Jahre, als Thomas bei einem Verkehrsunfall tödlich verunglückte.

Thomas wurde Opfer von gesellschaftlichen Maßstäben und Normen, die er in sein Inneres aufgenommen hatte und die ihm ein Eigenleben verwehrten. Als dieser Fall unseren Kursteilnehmern vorgetragen wurde, fiel die Resonanz zunächst sehr überraschend aus. Insbesondere die weiblichen Teilnehmer reagierten sehr heftig – einige meinten sogar, es sei Thomas gerade recht geschehen. Sie urteilten von der moralischen Warte aus und sahen ihn durch die Brille der weiblichen, seelischen Konditionierung. Sie meinten, Thomas könne heute noch leben, wäre er nicht zu feige gewesen, seiner Frau reinen Wein einzuschenken und damit für klare Verhältnisse zu sorgen. Da zum einen das Leben selten ein Entweder/Oder kennt, sondern vorwiegend ein Sowohl/Als-auch und zum anderen Thomas und nicht eine der beiden Frauen gestorben ist, muß die Frage nach einer möglichen Lösung seines Falles von den Mechanismen seiner männlichen Psyche ausgehen.

1. Thomas glaubte an die Norm der ehelichen Treue und hatte daher Schuldgefühle. Diese Norm soll pauschal für alle Menschen und alle partnerschaftlichen Konstellationen gelten. Dabei wird nicht gefragt, ob die Liebe nicht schon erloschen ist, ob das Vertrauensverhältnis und/oder das Sexualleben nicht schon gestört ist usw. Treue muß in einer Beziehung wachsen beziehungsweise wird aufgrund von gewachsener seelischer und erotischer Intimität erwirkt. Treue ist der ‹Erfolg› einer glücklichen Beziehung und kann daher nicht zur Norm erhoben werden.
2. Eine weitere Norm schreibt vor, daß er Weihnachten, Ostern und Pfingsten mit der Frau seines Herzens verbringen soll. Da Thomas jedoch zwei Frauen liebte, manövrierte er sich in eine Zwickmühle, die kaum eine Lösung zuließ. Wie er sich auch entschied, er tat immer einer Frau weh, hatte immer Schuldgefühle, einer von der Norm bedingten Erwartungshaltung nicht entsprechen zu können. Auf den Gedanken, die Rechtmäßigkeit der Erwartungshaltung der beiden Frauen zu hinterfragen, kam er nicht. Hier wäre es günstig gewesen, wenn Thomas sich mit Psychologie beschäftigt hätte, um zu erkennen, daß diese Erwartungshaltung aus einer Abhängigkeit und Fixierung sowohl auf ihn als Person als auch auf die gesellschaftliche Norm entstanden ist, daß er also nicht grundsätzlich verantwortlich ist für die Gefühle der Partnerinnen, die diese am Heiligen Abend oder am Ostersonntag entwickelten.
3. Er glaubte an die herkömmliche Rollenteilung, die ihm vorschreibt, daß er ganztägig arbeiten müsse, um seine Frau und seine zwei Kinder zu ernähren. Daß es ungünstig sein könnte, wenn eine Frau keinen eigenen beruflichen Weg hat und unbewußt ihre unverwirklichten Persönlichkeitsanteile auf die

Kinder projiziert und sie dadurch neurotisiert, bleibt hierbei unberücksichtigt. Besser wäre es, wenn Mann und Frau nur halbtags arbeiten und *gemeinsam* ihre Kinder ernähren.

Thomas wurde also auch Opfer des herkömmlichen Mutterideals, das besagt, daß eine Frau Tag und Nacht für ihre Kinder da sein müsse. Aufgrund dieses Ideals sitzen Millionen Mütter mit ihren Kindern in den Wohnzellen der Städte. Es ist natürlich wichtig, daß für ein Kind eine feste Bezugsperson da ist, die Geborgenheit und seelische Wärme schenkt und die Zuverlässigkeit und Kontinuität verkörpert. Ein Kind muß aber auch früh sehen, daß seine Mutter eigene Wege geht und eigene Ziele verfolgt, schon allein deshalb, weil sonst die Gefahr besteht, daß sich beim Kind Egoismus und eine Tendenz zur Tyrannei entwickeln. Wenn sieben Frauen sich zusammentun, kann jeden Tag eine andere Tagesmutter sein und jede hat sechs Tage frei, um tagsüber zu arbeiten, zu leben und zu lieben!

4. Thomas glaubte an das herkömmliche Vaterideal, das ebenfalls eng mit der konventionellen Rollenteilung verbunden ist. Demnach sollte ein Vater in der geringen Freizeit, die ihm nach der Ganztagsbeschäftigung bleibt, die Mutter entlasten und sich um die Kinder kümmern. Wenn er nicht zufällig ‹sehr verspielt› angelegt ist, kostet es ihn sicher große Überwindung, eigene Interessen und Ausgleichswünsche zurückzustellen und auf die Belange des Kindes einzugehen, das mangels anderer sozialer Kontakte (siehe oben) verständlicherweise große Erwartungen gegenüber dem Vater hat. Solange dieses Ideal im Unbewußten vorherrschend ist, muß der Mann ganztags arbeiten und in seiner minimalen Freizeit für die Kinder da sein, muß auch zwangsläufig sein Eigenleben auf der Strecke bleiben und – er kann sich kaum den ‹Luxus› zweier Frauen leisten.

Wenn Thomas schon zwei Frauen liebte, hätte er auch die Rahmenbedingungen entsprechend gestalten müssen, um sich selbst dabei nicht zu verlieren. Er hätte sein Leben so organisieren müssen, daß er nicht mehr vollbeschäftigt ist, daß seine Frau halbtags zur Arbeit geht, daß die Kinder bei Tagesmüttern gut untergebracht sind, daß seine Freundin beim Ausgehen ihren finanziellen Beitrag leistet, daß er außer den beiden Frauen und den Kindern auch noch eigene Interessen verfolgen kann, daß er Hobbies pflegen, Bücher lesen oder nachdenken kann. Eine zweite Freundin zu haben verpflichtete ihn unter den alten Rahmenbedingungen zu erhöhter Leistung. Bei einer neuen Konstellation hätte er sich entspannt zurücklehnen und sein Leben genießen können.

Vielleicht hätte er dann nur noch eine Frau geliebt? Vielleicht war die Beziehung zu seiner Freundin nur ein Ventil, um aus der Tretmühle des Alltags herauszukommen? Vielleicht hätte er aber dann sogar drei Frauen gehabt . . .? Jedenfalls wäre sein Leben ein spannendes Abenteuer geworden. Sein Tod war nur ein Gleichnis dafür, daß sein altes Lebensprogramm transformiert hätte werden müssen. Er wagte nicht das Leben und mußte deshalb sterben. Das unerfüllte Leben ist die wichtigste Ursache, sowohl für die aus seelischer Kränkung rührende körperliche Krankheit als auch für den Tod. Man nennt es: nicht seinem Wesen gemäß leben. Der Mensch, der auf Dauer nicht seinem eigentlichen Wesen gemäß lebt, dessen Grundbedürfnisse des Habens, des Seins und des Liebens nicht so erfüllt werden, wie es seine persönliche Struktur zum Dasein benötigt, verspürt bald diese Selbstverfehlung. Und derjenige, der in sich das Gefühl der Selbstverfehlung trägt, will bewußt oder unbewußt nicht mehr leben – so, als ob er einem ungeschriebenen Gesetz gehorcht, wonach die Natur kein unerfülltes Leben duldet. Dies ist ein ganz entscheidender Punkt, der den meisten, die dem Tod frühzeitig zum Opfer fallen, gemein ist. Aufgrund gesellschaftlicher Maßstäbe, Normen und Ideale wagen sie nicht, ihre eigenen psychischen Bedürfnisse durchzusetzen. Sie mißtrauen einer Verwirklichung ihrer eigenen psychischen Struktur, die Gott sei dank eben anders ist als die Normalität es uns glauben machen will. Fast immer bestehen Ängste, anderen mit dem

Ausleben der Bedürfnisse weh zu tun, sie zu verprellen oder, wenn man konsequent sich selbst lebt, nicht mehr als wertvolles Mitglied der Gesellschaft angesehen zu werden und nicht mehr geliebt, sondern verlassen und ausgestoßen zu werden. Die Gefährdeten leben nur Rollenerwartungen, funktionieren im Sinne der Vorstellungen und Erwartungshaltungen der Bekannten und Verwandten und finden daher nicht ihr eigenes Lebensprogramm. Ja, die meisten denken nicht einmal darüber nach, sondern spulen nur die fremden Programme ab, ohne zu wissen, daß sie selber nie wirklich gelebt haben. Wenn all dies nicht ins Bewußtsein tritt, gibt es im Fall der Krise keine Auswege. Auswege oder Alternativen zu erkennen setzt ja gerade voraus, daß man die kultur-, milieu- und familienspezifischen Maßstäbe hinterfragt, daß man an den pauschalen Normen, die persönliche Eigenart und Lebendigkeit nicht zulassen, zu zweifeln beginnt.

So hat das Unbewußte so mancher Persönlichkeit des öffentlichen Lebens auf Selbstvernichtung geschaltet, weil aus irgendwelchen Gründen Ehre und Ansehen verlorengingen. In solchen Fällen heißt es, unkonventionell zu denken und sich über Herkömmliches und Traditionelles hinwegzusetzen. So könnte mancher Mensch seinen Tod verhindern! Ist es ihm nicht möglich, nach dem Motto zu leben ‹Ist der Ruf erst einmal ruiniert, lebt es sich ganz ungeniert›, kann er immer noch sein Haus verkaufen und in eine andere Gegend ziehen. Meist sind tiefgreifende Veränderungen wie Scheidung, Umzug, beruflicher Neubeginn nötig, um Krankheit, Unfall und Tod zu verhindern. Es gibt immer einen Ausweg! Nur liegt die Lösung meist auf einer völlig anderen Ebene als man zunächst denkt.

Einer unserer Kursteilnehmer hatte es satt, jahraus, jahrein von früh bis spät in der Tretmühle zu stecken. Er wußte, wenn er jetzt mit vierzig nicht einen entscheidenden Schritt machte und zu leben begann, dann würde er es nie mehr schaffen. Indem er vor seinem geistigen Auge beständig seine trostlose Zukunft einblendete, hatte er den Mut, seine Eigentumswohnung in München zu verkaufen, um sich in Florida (USA), wo Grundstücke und Häuser viel günstiger zu erwerben sind, niederzulassen. Er kaufte dort ein 2000 Quadratmeter großes Grundstück mit zwei Häusern. In dem einen Haus lebt er selbst, und das andere Haus hat er vermietet. Das restliche Geld hat er in ein Unternehmen investiert, das ihm als stillen Teilhaber einen weiteren Teil seines Auskommens garantiert. Er braucht, das ist inzwischen sicher, nie mehr entfremdete Tätigkeiten zu verrichten. Heute widmet er sich der Forschung. Er tut nur noch das, was ihn interessiert und leistet dennoch einen wertvollen Beitrag für die Zukunft der Gesellschaft. Sie werden denken: ein Traum? Keineswegs! Jeder kann so oder ähnlich handeln. Voraussetzung dafür sind allerdings Mut, Interesse, Unternehmungsgeist, Veränderungswille und überlegtes Vorgehen. Wichtig ist vor allem der Mut, aus dem Trampelpfad der Herde auszuscheren, die Fixierung auf den Arbeitsplatz, Haus, Wohngegend usw. sowie auf die ‹richtige› Schule für die Kinder und auf andere liebgewordene Einstellungen und Verhaltensmuster aufzugeben und neue Wege zu erforschen. Jenseits aller Erwartungshaltungen, Fixierungen, Normen, Ideale und Traditionen warten ungeahnte Möglichkeiten und zahllose Chancen, eine neue Existenz zu begründen. Dort, jenseits des ‹Normalen› und jenseits der dumpfen Konventionen und der Scheinmoral, lockt das Leben mit leuchtenden Farben. Es lacht uns das Glück! Einmal auf diesem Weg, reißt uns der Tod nicht mehr verfrüht aus dem Leben, sondern läßt uns unserer Bestimmung gemäß im hohen Alter nach einem glücklichen, erfüllten Wirken sanft entschlummern. So gesehen ist er wirklich der große Bruder des Schlafes.

Die 58jährige Walburga war mit Hans seit dreißig Jahren verheiratet. Obwohl Hans cholerisch veranlagt war, hatte die Ehe über all die Jahre hinweg Bestand. Hans mußte beruflich häufig verreisen, und so hatte Walburga immer wieder die Möglichkeit, sich von der anstrengenden Partnerschaft zu erholen. Sie fühlte sich in den Zeiten der Abwesenheit ihres Mannes in ihrem Eigenheim wohl, da sie dann ihren eigenen Lebensstil pflegen konnte. Niemand störte ihre Kreise, niemand kritisierte sie, niemand versuchte, sie für eigene Zwecke einzuspannen. Sie war mit sich und der Welt zufrieden. Mit den Jahren dachte sie jedoch oft besorgt an die Einschränkungen ihrer Freiheit, die unwiederbringlich mit ihrem Mann nach dessen Pensionierung in ihr Haus einzögen. Tatsächlich starb Walburga acht Tage nach der Pensionierung ihres Mannes.

Auch hier stellt sich die Frage: Wie hätte dieser Tod verhindert werden können?

Walburga sah unbewußt nach der Pensionierung ihres Mannes keinen anderen Ausweg, als sich durch den Tod zu befreien. Von den Menschen aus ihrer Umgebung und insbesondere von ihrem Mann wäre ihr Freiheits- und Unabhängigkeitsdrang wahrscheinlich nicht akzeptiert worden.

Ihre Persönlichkeitsstruktur war darauf aufgebaut, daß sie sehr viel Zeit für sich brauchte. Sie konnte es nicht ertragen, wenn permanent eine andere Person um sie ‹herumtanzte›, Ansprüche stellte und ständig Widmung und Zeit verlangte. Es wäre für die Umwelt völlig unverständlich gewesen, wenn sie sich – um ihren freien, unabhängigen Lebensstil zu gewährleisten – nach der Pensionierung ihres Mannes in einiger Entfernung ein eigenes Appartement gemietet hätte, zumal das Haus, das sie zusammen mit Hans bewohnte, sogar für sechs oder sieben Personen reichlich Platz bot. Natürlich keimte in ihr dieser Gedanke kurz auf, um dann aber gleich wieder verworfen zu werden. Hans würde denken, sie liebe ihn nicht mehr. Ja mehr noch, man würde sie allgemein für verrückt erklären! Walburga wagte nicht, die Norm zu übertreten, als Paar oder gar als Ehepaar alles gemeinsam machen und vor allem zusammen wohnen zu müssen.

Wenn sie allen Bedenken zum Trotz ihr Appartement gemietet hätte, wenn sie es durchgesetzt hätte, dort zwei- oder dreimal in der Woche zu verweilen, um sich gegenüber dem Partner abgrenzen zu können und vorübergehend Abstand von der Partnerschaft zu haben, wäre sie mit an Sicherheit grenzender Wahrscheinlichkeit nicht diesen Tod gestorben.

In einem solchen Fall zeigt sich auch die Schwierigkeit, daß man einen ‹verhinderten› Tod nicht nachweisen kann. Man könnte also hier aus der Sicht des Betroffenen eigentlich nur sagen: Häufig kann der Tod nur verhindert werden, indem man etwas ganz Verrücktes macht, weil man sonst vom Leben ‹verrückt› wird beziehungsweise sich selbst ‹verrückt› in Richtung Tod.

Dieses Verrückte, das man tun müßte, ist nur von der Norm der Moral und Konvention aus gesehen verrückt, nicht aber aus dem Blickwinkel des Lebens und der persönlichen, lebendigen Eigenart des Betreffenden. Für sein Leben und seine Bedürfnisse wäre eine solche Tat nicht verrückt, sondern vernünftig und gut. Die Lebensenergien können weiter frei fließen.

Manchmal wird man bei diesen Überlegungen auch Opfer der eigenen Projektion. Man nimmt an, daß die Mitmenschen so oder so reagieren werden. In Wirklichkeit wäre ihre Reaktion aber vielleicht eine ganz andere gewesen. Unter Umständen wären sie selbst froh, durch die Bresche, die andere schlagen, durch deren Wagemut, durch die vorbildliche Initiative auch ihrerseits die Zwangsjacke der Norm ablegen beziehungsweise ihr Rollenspiel beenden und zum wirklichen Leben vorstoßen zu können.

Vielleicht dachte Hans das gleiche wie Walburga, wagte aber nicht, es auszusprechen? Auch er hatte ja durch seine vielen beruflich bedingten Reisen einen Freiraum, auf den er nach der Pensionierung verzichten mußte. Hätten beide solche Dinge offen besprochen, dann wäre es vielleicht möglich gewesen, das Problem auf einer ‹erwachsenen› Ebene zu lösen, ohne den Tod als Flucht vor der neuen Situation.

Freilich wäre eine solch bewußte Lösung im vorliegenden Fall in Anbetracht der äußeren Umstände, des Entwicklungs- und Bildungsstandes, des Milieus und des Alters von Walburga und Hans sowie dessen cholerischer Veranlagung eher unwahrscheinlich gewesen. Beide Partner müßten zunächst Bewußtwerdungsprozesse und entsprechende Entwicklungsschritte absolvieren – etwa durch eine Therapie, durch Kurse und Seminare, Bücher, durch Nachdenken, gemeinsame Gespräche usw. Dann wäre vielleicht auch ein eigenes Appartement für Walburga nicht nötig gewesen. Beide Partner hätten gelernt, sich abzugrenzen, sich gegenseitig Freiraum zuzugestehen, eigene Pläne und Ziele zu verwirklichen usw.

Die Situation von Walburga und Hans ist typisch für die kritische Zeit, in der viele Paare sich kurz vor oder nach der Pensionierung befinden. Jeder lebte bisher *seinen* Lebensstil, *sein* Programm. Die Frage ist nun, ob es die beiden schaffen, ihre individuellen Programme aufeinander abzustimmen, sich neu zu arrangieren, oder ob es zu einem Machtkampf kommt, bei dem einer die Oberhand behält und der andere auf der Strecke bleibt.

Wenn die Veränderung des Programms bei einem Partner so schwerwiegend ist, daß ihm dadurch der ‹innere Lebensnerv› abgetrennt wird, sucht der Betroffene unbewußt nach einem Ausweg, um der ihm bedrückend erscheinenden, irdischen Sphäre entfliehen zu können. Der Tod ist dann eine Ersatzwandlung, weil die Transformation, die hätte erfolgen müssen, nicht aktiv vollzogen werden konnte.

Wie schnell das Unbewußte auf Selbstvernichtung schalten kann, zeigt der Fall von Günther. Günther mußte mit Leni aus finanziellen Gründen in den ersten fünf Jahren ihrer Ehe in dem kleinen Einfamilienhaus der Schwiegereltern wohnen. In dieser Zeit fühlte er sich ständig beobachtet und kontrolliert. Bei jeder Entscheidung schalteten sich Lenis Eltern ein, und er und Leni wurden ständig bevormundet.

Günthers Ziel war es damals, sich aus dieser Situation zu befreien, was ihm schließlich auch gelang. Er zog mit Leni in eine Mietwohnung ein. Die Befreiung wirkte positiv auf sein körperliches und seelisches Befinden, die Partnersituation gestaltete sich günstiger, und auch das Verhältnis zu den Schwiegereltern wurde durch die Eigenständigkeit und Distanz des Paares besser.

Neunzehn Jahre hielt dieser angenehme Zustand an, bis zu dem Tag, an dem die Schwiegereltern beschlossen, ihr kleines Haus zu verkaufen, um mit dem Erlös Günther und Leni den Bau eines größeren Hauses zu ermöglichen. Die alten Herrschaften fällten diese Entscheidung jedoch nicht aus purer Hilfsbereitschaft, sondern machten zur Auflage, daß für sie dort eine Einliegerwohnung eingerichtet würde. Sie hofften dadurch in fortgeschrittenem Alter Pflege und Betreuung bei ihrer Tochter und ihrem Schwiegersohn zu finden.

Günther beschlich trotz der Aussicht, nunmehr ohne finanzielle Schwierigkeiten ein Haus bauen zu können, ein großes Unbehagen. Die negativen Erfahrungen mit den Schwiegereltern in den ersten fünf Jahren seiner Ehe hatte er noch nicht vergessen.

Auf Drängen seiner Ehefrau und der Schwiegereltern gab er schließlich nach. Günther erlitt am Tag, an dem der Verkauf des alten Hauses und der Plan für den Neubau besprochen werden sollten, auf der Fahrt zu seinen Schwiegereltern einen Herzinfarkt und verstarb einige Stunden später.

Günther wollte unbewußt anscheinend die unliebsame Situation in der Vergangenheit, in der er von seinen Schwiegereltern gegängelt wurde, nicht mehr wiedererleben. Daß das Unbewußte aber in diesem Falle keinen anderen Ausweg als den Tod wählte, schien dennoch etwas seltsam. Es mußte noch irgendein schwerwiegendes Ereignis dazugekommen sein, um in seiner Psyche die Stimmung einer vollkommenen Sinnlosigkeit zu erzeugen.

Tatsächlich kam nach seinem Ableben ans Licht, daß er seine beruflichen Mißerfolge zu Hause verschwiegen hatte. Zehn Tage vor seinem Herzinfarkt erfuhr er, daß er zum dritten Mal bei den Beförderungen nicht berücksichtigt worden war.

Fabian arbeitete als Beamter in einer Außendienststelle einer staatlichen Institution. Er war ein gutmütiger, einfühlsamer junger Mann mit einem leichten Hang zum ‹süßen Leben›. Diese Neigung zu Wohlleben und Vergnügen wurde durch drei Umstände begünstigt.

1. Der Chef der Außendienststelle bereitete sich durch permanentes Krankfeiern auf die bevorstehende Pensionierung vor.

2. Mit Fabian zusammen arbeitete ein Kollege namens Peter, der psychisch ähnlich strukturiert war. Peter hatte als Beamter seinen Beruf total verfehlt. Er wollte – wie er immer wieder betonte – eigentlich Wissenschaftler werden. Außer den beiden gehörte niemand mehr zu dieser Dienststelle.

3. Eines Tages glaubten die beiden zu erkennen, daß sie durch ihre Arbeit nur neue Ursachen für die Aufblähung des Verwaltungswasserkopfes setzten, wohingegen eine Distanzierung von der Arbeit sich positiv auf das soziale Netz auswirken würde (Einsparung von Steuergeldern).

Aufgrund der günstigen Umstände und nachdem das schlechte Gewissen durch ihre ‹Erkenntnis› besänftigt war, beschlossen sie, daß nur immer jeweils einer die Stellung in der Dienststelle halten sollte. Das bedeutete, daß jeder der beiden jeden zweiten Tag frei hatte. Dieser Modus wurde jahrelang beibehalten. Beide Beamten erfreuten sich guter Gesundheit, ihre Lebenstendenz war steigend, bis sie eines Tages jäh durch einen neuen Vorgesetzten aus ihrem gewohnten Rhythmus geworfen wurden. Plötzlich waren sie gezwungen, ihre Arbeitszeit ordnungsgemäß einzuhalten. Zu allem Überfluß handelte es sich bei dem neuen Chef um einen ‹Karrieretyp›, der voller Ehrgeiz und Tatendrang war. Seine Hauptbeschäftigung bestand in der Kontrolle der Arbeit seiner Untergebenen. Fabian empfand das alles als trostlos und auch aussichtslos; denn der neue Chef war erst fünfundvierzig Jahre alt, hatte also noch zwanzig Jahre bis zu seiner Pensionierung.

In dieser Stimmungslage – etwa vier Wochen nach Amtsantritt des neuen Vorgesetzten – bestieg Fabian eines Abends das Auto seines Freundes Dieter. Sie wollten noch etwas Zerstreuung suchen. An einer Ampel passierte es dann: Als die Ampel umschaltete, hielt der Lastwagen vor ihnen abrupt, und Dieter konnte seinen Wagen nicht mehr rechtzeitig bremsen. Sie fuhren auf den Lastwagen auf. Dieter blieb unverletzt, während Fabian bewußtlos ins Krankenhaus eingeliefert wurde. Nach acht

Wochen im Koma erlag Fabian schließlich seinen inneren Verletzungen.

Interessant ist in diesem Zusammenhang, daß etwa zur selben Zeit Peter an einer merkwürdigen Drüsenerkrankung litt, die von keinem Arzt oder Heilpraktiker richtig diagnostiziert, geschweige denn therapiert werden konnte. Im Gegenteil! Die von den Ärzten verursachten Schäden kosteten ihm beinahe das Leben.

Aufgrund der mißlichen beruflichen Situation sowie seiner rätselhaften Erkrankung reichte er schließlich die Kündigung ein. Danach studierte er Medizin. Er arbeitet heute als hochdotierter Wissenschaftler in der medizinischen Forschung.

Fabian war sich kurz vor seinem Tod bewußt geworden, daß die schöne Zeit unwiderbringlich zu Ende war. Er resignierte und empfand alles als aussichtslos. Er hatte im Gegensatz zu seinem Kollegen keine beruflichen Pläne und Ziele mehr. Für ihn war das Leben gelaufen. Das *Gesetz der Affinität* sorgte für den entsprechenden Auslöser.

Im Gegensatz zu Fabians unbewußter Tendenz wollte Peter das Feld noch nicht so schnell räumen. Peter hatte ja ein Ziel: Er wollte als Wissenschaftler berühmt weren. Um auf diesen Weg zu gelangen, genügte es, sich eine unbehandelbare Erkrankung zuzulegen. Diese gab ihm dann sowohl einen Grund für die Kündigung als auch die Motivation, mit einem Medizinstudium zu beginnen.

6. TODESURSACHE Pränatale Seelenprägung

Seelenprägung aus naturwissenschaftlicher Sicht

Noch in den siebziger Jahren des 20. Jahrhunderts vertrat die Naturwissenschaft die Auffassung, der Mensch komme ohne Erinnerung an embryonale, fetale und geburtliche Erfahrungen zur Welt, sozusagen als Tabula rasa. Die Begründung sieht sie darin, daß höhere Nerventätigkeit nicht möglich ist ohne myelinisierte Nervenbahnen. Die Bildung der Myelinscheiden (Schwannsche Zelle) beginnt jedoch erst ab dem 4. Monat der Schwangerschaft und wird nach der Geburt abgeschlossen. Die Myelinscheiden stehen in engem funktionellem Zusammenhang mit der elektrischen Impulsleitung der Nervenbahnen. Dabei wird von der Naturwissenschaft vorausgesetzt, daß Erfahrungsspeicherung nur im Zentralnervensystem (Gehirn, Rückenmark) möglich ist.

Da Naturwissenschaft ausschließlich auf Materie bezogen ist, liegt diese hypothetische Annahme von Gehirn als Erfahrungsspeicher zwar nahe, sie vernachlässigt jedoch andere nicht-materielle Möglichkeiten der Erfahrungsspeicherung. Allerdings ist für sie ein zelluläres Gedächtnis auf der Basis materieller Eiweißmoleküle (RNS) vorstellbar, jedoch nur für Einzelerfahrungen, nicht aber für komplex zusammenhängende Erfahrungsbilder.

So war es nur konsequent, daß der naturwissenschaftlich denkende Arzt Sigmund Freud wesentliche seelische Prägungen erst ab dem zweiten Lebensjahr für möglich hielt. Er blieb damit streng materialistisch, obwohl sich seine Forschung auf die Seele bezog. Deshalb wurden in der frühen Psychoanalyse Erinnerungen an Geburts- und Vorgeburtserlebnisse stets als neurotische Verformungen kindlicher Erfahrungen gedeutet. Da Freudsche Psychoanalyse sich primär im verbalen Bereich bewegte und die Erfahrungsspeicherung und Verbalisierungsfähigkeit in engem Zusammenhang sah, war nach ihrer Auffassung ein Wiedererinnern in der Therapie nur bis ins Alter von etwa 3 bis 6 Jahren möglich. Seelische Störungen, die aus der oralen Phase, von der Geburt her oder gar aus der vorgeburtlichen Phase stammen, blieben so unberücksichtigt.

Seelenprägung aus neuerer psychoanalytischer Sicht

Auf der Suche nach den psychischen Prägungen und seelischen Störungen des Kindes, die die Handlungsmuster, Neurosen oder Psychosen bedingen, rückten schon bald Erfahrungen aus frühester Kindheit in den Mittelpunkt psychoanalytischer Forschung. S. Ferenczi (1873–1933), Melanie Klein und andere entwickelten Spiele, um in vorsprachliche Erfahrungen vorzudringen. O. Rank, ein Schüler Freuds, sah schon 1920 im Geburtsgeschehen (-trauma) die entscheidende seelische Prägung. Andere Forscher, wie zum Beispiel C. G. Jung, zeigten kollektive unbewußte Erfahrungsebenen auf. A. Janov, R. D. Laing und andere setzten bei geburt- und vorgeburtlichen Erfahrungen an. So beschrieb Laing 1976 erstmalig eine Zeugungserfahrung.

Seelenprägung aus psychosomatischer Sicht

Wenn man sich vor Augen führt, welche Auswirkungen für das werdende Kind die Ernährung, die Rauch- und Trinkgewohnheiten sowie der Medikamentenkonsum der Mutter haben, dann ist aufgrund des Zusammenhangs von Psyche und Soma gewiß, daß auch Gefühle der Angst, des Ärgers, der Beengung, der Aggression, der Wut, der Geborgenheit, des Glücks usw. das Leben des Fötus beziehungsweise des Embryos entscheidend beeinflussen. Diese Gefühle sind wiederum abhängig unter anderem von den Gedanken, Einstellungen und dem Bewußtsein der Mutter sowie den äußeren Ereignissen, die während der Schwangerschaft auf sie einwirken. Die Eheschließung während der Schwangerschaft mit dem Vater des Kindes, ein Kirchenaustritt, Urlaubsaufenthalte, ein größerer Lottogewinn, ein Unfall, der Tod eines nahen Verwandten oder die Aufgabe des Berufes sind entscheidende Ereignisse, die zwangsläufig prägend auf die Seele des Ungeborenen wirken. Besonders wichtig ist in diesem Zeitraum, ob die Mutter Liebe für das werdende Kind empfindet und wie sich die Beziehung zum Vater des Kindes gestaltet. Aus diesen frühen Prägungen entwickeln sich dann später beim Kind entsprechende Persönlichkeitsmerkmale und Charakterstrukturen sowie die damit korrelierenden Schicksalsereignisse.

Wie dies in der Praxis aussehen kann, soll folgender Fall aufzeigen:

Claire (38) war mit Rüdiger (40) bereits vier Jahre verheiratet, als sich das erste Kind ankündigte. Im 8. Monat der Schwangerschaft kam Claires Schwester Susanne, eine attraktive junge Frau, für einige Wochen zu Besuch, um im Haushalt zu helfen. Rüdiger, der aufgrund der Einstellung seiner Frau zur Schwangerschaft seit einigen Wochen sexuell abstinent leben mußte, wurde in dieser Zeit durch Susanne gereizt. Susanne trug hautenge Hosen, die ihre exzellente Figur zur Geltung brachten, setzte sich im knappen Minirock im Wohnzimmer neben ihn . . .

Eines Abends – Claire war bereits eingeschlafen – wurde Rüdiger schwach. Es kam zum Austausch von Zärtlichkeiten mit Susanne und schließlich auch zum sexuellen Verkehr. Rüdiger und Susanne waren gerade in höchster Erregung, als die Tür aufging und Claire vor den beiden stand.

Claire wußte zunächst nicht, ob das alles nur ein böser Alptraum war. Wie angewurzelt blieb sie stehen, sie wollte schreien, aber sie brachte kein Wort heraus. «Mir blieb ganz einfach die Luft weg bei soviel Unverschämtheit», berichtete sie später bei der Analyse. Sie würgte ein paar Worte heraus und brach dann weinend zusammen. Rüdiger und Susanne bereuten ihr Tun und begannen ebenfalls zu weinen.

Nach dem Vorfall sprach Claire mit Rüdiger und ihrer Schwester tagelang kein Wort mehr, woraufhin Susanne ihre Koffer packte und abreiste. Schließlich versuchten Rüdiger und Claire ihr Problem zu besprechen. Sie gab ihm zu verstehen, daß sie nie wieder volles Vertrauen zu ihm haben könne. Rüdiger hingegen erklärte, er könne nie mehr mit ihr schlafen. Die Geburt verlief ohne Komplikationen. Claire wurde Mutter eines Sohnes, dem sie den Namen Raphael gab. Sie liebte ihr Söhnchen abgöttisch. Dies um so mehr, als Rüdiger immer öfter von zu Hause wegblieb. Claire erfuhr von Bekannten, daß er sich heimlich mit Susanne traf.

Zwei Jahre später erkrankte Raphael an einer schweren Lungenentzündung, an der er schließlich starb (Tod durch Ersticken).

Claire lief daraufhin tagelang wie in Trance umher. Es war für sie unbegreiflich, ihr einziges Kind für immer verloren zu haben. Auch Rüdiger war nach dem Tod seines Sohnes wie benommen und lange Zeit kaum ansprechbar.

Warum mußte dieses Kind sterben? Wäre auch dieser Tod zu verhindern gewesen? Und wenn ja, auf welche Art und Weise?

Bei oberflächlicher Betrachtung des Falles wäre man versucht zu sagen, Rüdiger und Claire hätten nicht den richtigen Arzt gehabt beziehungsweise der Arzt habe die falsche Arznei verabreicht. Vielleicht hätte ein anderer Arzt dieses Kind retten können? Es gilt die Frage zu stellen, warum die Eheleute unbewußt vielleicht den falschen Arzt gewählt haben, warum hier scheinbar ein Erfüllungszwang vorlag, der zum Tode dieses Kindes geführt hat. Die Ursache liegt in der Zeit der Schwangerschaft!

Claire blieb bei dem Seitensprung ihres Mannes die Luft weg. Sie konnte sich vor seelischem Schmerz nicht mehr auf den Beinen halten. Claire später: «In mir ist etwas abgestorben – gestorben ist all meine Liebe, all mein Vertrauen, all meine Hoffnung, all mein Glück.» Diese Gefühlslage wurde auf das in Entstehung befindliche Kind übertragen und wirkte sich schließlich Jahre später aus! Das Kind ist erstickt – so wie Claire damals die Luft wegblieb, als sie ihren Ehemann mit ihrer Schwester sah.

Waren also so gesehen Rüdiger und Susanne an dem Tod vom kleinen Raphael schuld? Rüdiger, weil er alle Verantwortung gegenüber Frau und dem werdenden Kind vergaß und sich ein Schäferstündchen genehmigte, und Susanne, weil sie den Ehemann ihrer Schwester durch aufreizende Kleidung verführte und weil sie schließlich Rüdigers Zärtlichkeiten zuließ und in den Sexualkontakt einwilligte? Diese Betrachungsweise ist jedoch sehr oberflächlich und wäre nur Wasser auf die Mühle der Moralisten.

Die wahre Ursache für den Tod des Kindes liegt in der Empfindung von Claire, genauer gesagt: sie liegt darin, wie Claire den Vorfall seelisch erlebte, wie sie darauf reagierte, nach welchen Wertmaßstäben sie ihn beurteilte. «Nicht die Dinge sind es, die die Menschen beunruhigen, sondern das, was sie über die Dinge denken», sagt Epiktet.

Hier werden manche aufbegehren und rufen: Wie hätte sie denn anders empfinden sollen? In einem solchen Fall würde jede Frau so reagieren! Sicher wird in der patriarchalen Kultur die seelische Reaktion Claires als normal und natürlich betrachtet. Aber gerade weil man in dieser Kultur in den verschiedenen Lebenslagen patriarchal denkt und fühlt, erzeugt man auch das entsprechende Schicksal! Das patriarchale Fühlen und Denken ist hervorragend geeignet, die eigene Beteiligung an den Geschehnissen zu verdecken und Eigenverantwortung abzuwehren.

Als ich diesen Fall vor meinen Kursteilnehmern besprach, waren einige aufgebracht und fragten aggressiv: Wie hätte sie denn sonst über den Betrug ihres Ehemannes fühlen und denken sollen? Hätte sie sich vielleicht sagen sollen: «Mensch, toll wie potent mein Mann mit vierzig Jahren noch ist! Sogar meiner Schwester zeigt er noch, was in ihm steckt?»

Man kann natürlich, wie im Patriarchat üblich, sofort das andere Extrem aufführen, um das eingespielte Denken, Fühlen und Verhalten zu rechtfertigen. Doch wenn eine solche Betrachtungweise das andere Extrem ist, kann dann nicht auch die bisher als verständlich akzeptierte Haltung ebenso pathologisch sein? Ja, mehr noch: Könnte es nicht sein, daß Claire das Geschehnis erwirkt hat, es also selbst provoziert und produziert hat? Bei einer rein patriarchalen Betrachtungsweise fällt unter den Tisch, daß sie *selbst* ihre Schwester gebeten hat, zu ihr zu kommen, um in den letzten Wochen vor der Geburt eine Hilfe zu haben, obwohl sie um die erotische Ausstrahlung ihrer Schwester und die leichte Erregbarkeit ihres Mannes wußte. Hier nur an das starke Über-Ich des Mannes zu glauben, daß er sich schon in der Gewalt haben, daß er soviel Anstand und Verantwortungsgefühl an den Tag legen würde, oder romantisch zu glauben, daß die gegenseitige Liebe so groß sein werde, daß der Trieb schon nicht aufkeimen werde, zeugt von viel Naivität. Der Verdacht liegt nahe, daß bei Claire entscheidende Defizite im Persönlichkeitssystem vorliegen, die letztlich diese Situation ‹magisch› erzeugt haben.

Bei Claires Analyse wurde diese Vermutung bestätigt. Claire lebte bisher nur den ‹Madonnenanteil› ihrer Weiblichkeit aus. Sie praktizierte mit Rüdiger nur eine ‹Kuschelsexualität›, bei der Schmusen und Kuscheln im Vordergrund standen, während Sexualität und Eros kaum eine Rolle spielten. Oral-Genital-Kontakte waren für sie undenkbar. Schreie des Entzückens und der Wollust bezeichnete sie als hysterisch. Diese Einstellung zur Sexualität bewirkte bei Claire Orgasmusschwierigkeiten.

Claire hatte ihren ‹Hurenanteil› verdrängt und unbewußt auf ihre Schwester projiziert. Durch diesen Verdrängungsprozeß wurde die erotische Anlage pervertiert und erschien, nach dem *Gesetz der Wiederkehr des Verdrängten* in dieser Ausnahmesituation wieder, in der ihr Ehemann sie mit ihrer eigenen Schwester und noch dazu während der Schwangerschaft betrog. Auf diese Art und Weise wurde ihre starre ‹Madonnenhaltung› und der dazu komplementäre Glauben und die begrenzte Auffassung von Sexualität aufgebrochen. Das Schicksal hat sie mit der Realität des Lebens konfrontiert und schonungslos ihre Defizite aufgedeckt. Es hat ihr gezeigt, daß sie sich zu wenig Gedanken gemacht hat, wie sie ihre erotischen Anlagen ausleben und ihrem Mann und sich selbst sexuelle Freuden schenken könnte. Das Schicksal ist ohne Erbarmen. Es erteilt ihr die Lektion, daß die Natur eines Triebes – unabhängig ob beim Mann oder bei der Frau – sich jenseits von Konvention und Moral befindet. Ähnlich muß manche Frau durch das Schicksal erfahren, daß die seelische Liebe sich über herkömmliche Moralvorstellungen hinwegsetzt; etwa wenn sie sich in einen verheirateten Mann verliebt.

Doch leider hat Claire – wie es meist in der patriarchalen Kultur der Fall ist – den Schicksalsschlag mit derselben Einstellung bewertet, die dieses Ereignis verursachte. Claire hat zu ihren Mängeln in der Wahrnehmung und im Denken, verdrängten Anlagen und Energien die passende Ideologie entwickelt, mit der sie dann die durch ihre Haltung unbewußt erwirkten Schicksalsschläge deutet. Claire hat freilich nur ein kollektives Verhalten und das entsprechende Bewertungsmuster verinnerlicht. Sie mußte diese kollektive Haltung, die meist überall bestätigt wird, in ihrem eigenen Schicksal austragen. Rüdigers Liaison mit Susanne kam also nicht von ungefähr, sondern hatte eine lange Vorgeschichte. Mit besserem Wahrnehmungsvermögen, mehr Nachdenken und stärkerem Eros im eigenen Persönlichkeitssystem hätte sie den Vorfall gar nicht angezogen und hätte wahrscheinlich auch später ihr Kind nicht verloren. Mit einem wirklich natürlichen Empfinden, das sich von den allgemein verbreiteten Vorstellungen gänzlich unterscheidet, wäre das alles nicht passiert! Das Schicksal prüft dort, wo man am ehesten verletzbar ist. Und verletzbar ist man dort, wo man schwach ist und Mängel aufweist. Claire konnte gerade das, was ihr widerfahren ist, am wenigsten verkraften. Einer anderen Frau, die eher damit fertig werden würde, weil sie weniger Defizite oder andere Schwächen aufweist, wird ein solcher Schicksalsschlag gar nicht ‹zugemutet›.

Diese letzten Ausführungen werden auch dadurch bestätigt, daß Claire einen Weinkrampf hatte und tagelang nicht mehr (seelisch) zur Ruhe kam, als sie erfuhr, daß ihr Bruder sich mit der Freundin seines Sohnes vergnügte. Es war für sie dieselbe Infamie, die ihr Ehemann ihr gegenüber verübt hatte. Das Schicksal zeigte ihr erneut, wie stark ein Trieb sein kann, doch sie versteht die Botschaft des Schicksals nicht, will sie nicht verstehen. Sie sieht wiederum nicht ihre Affinität mit diesen ‹perversen› Verhältnissen, sondern verurteilt die ‹Pervertierung›. Deshalb sei die Prognose erlaubt, daß sie, falls sie ihre Haltung nicht grundlegend ändert, noch öfter mit dieser Problematik konfrontiert werden wird.

Auch Rüdigers Stellungnahme bestätigte diese Zusammenhänge. Rüdiger: «Ich weiß, daß es gemein ist, die eigene Frau während der Schwangerschaft zu betrügen. Aber ich konnte nicht anders handeln! Ich hielt es einfach nicht mehr aus! Wir waren monatelang nicht mehr sexuell zusammen. Ich war total ausgehungert. Zudem habe ich mich auf diesem Gebiet mit Claire nie richtig verstanden. Claire ist einfach zu anständig und zu brav – und das macht mich nicht an. Ferner leide ich darunter, daß sie zu keinem Höhepunkt kommt – ich fühle mich danach als Mann ungenügend und wertlos. Außerdem regte mich Claires heiliges Getue um das werdende Kind auf. Auch ich habe mich gefreut, aber es lag mir fern, daraus einen Kult zu machen. Es war für mich daher fast eine Offenbarung, mit Claires Schwester Susanne zu schlafen. Jetzt weiß ich, wie schön Liebe, Erotik und Sex sein können. Ich wußte nach dieser Erfahrung, daß ich nie mehr zu Claire zurückkehren könnte. Wenn Susanne nachher kein Interesse mehr gehabt hätte, ich hätte mich eben auf die Suche nach einer anderen Frau begeben, nach einer, die ebenso unverklemmt ist wie Susanne.»

Nach den Schicksalsgesetzen muß sich Rüdiger aber auch fragen, warum er Claire angezogen hat und mit ihr dieses Schicksal erleiden mußte. Sein weiblicher Anteil muß also selbst sehr madonnenhaft gewesen sein, sonst hätte er zu Claire keine Affinität gehabt. Auch er glaubte an die Normen der Gesellschaft, fühlte und dachte so, war also ebenso wie Claire ein Hypnotisierter der patriarchalen Kultur, deren Spezialität es ist, Schicksalsschläge am laufenden Band zu produzieren.

Man kann sich vorstellen, welche immensen Schuldgefühle er hatte, als er seine schwangere Frau betrog, als der Hurenanteil seiner inneren Weiblichkeit zum Durchbruch kam. Er empfand den Tod des Kindes als eine Art Strafe Gottes, die Strafe für seine Schuldigkeit (*Gesetz des Ausgleichs:* Schuldgefühle ziehen magisch den Gegenpol, die Strafe an); denn gegenüber Claire, seiner ‹Madonna›, der man als Außenstehender nichts vorwerfen konnte, war er der Bösewicht.

Daß Claire die Schwangerschaft heilig war und sie daraus einen Kult machte, verdeutlicht, daß sie – wie man es von einer Madonna erwartet – die Hemmung in bezug auf sexuelle Lebendigkeit mit der Rolle als Mutter kompensiert. Dadurch wird die natürliche Funktion als Mutter überdimensioniert und pervertiert. Es herrscht kein gesundes Verhältnis, keine natürliche Symbiose zwischen Mutter und Kind, sondern die Mutterschaft wird dazu verwandt, Anerkennung als Frau zu bekommen, weil diese Anerkennung ihr auf sexuellem Gebiet versagt bleibt.

Durch die Überfunktion der Mutterschaft wurde das Kind in seiner natürlichen Entfaltung gehemmt. Das Kind wird durch die Projektionen und Erwartungshaltungen der Mutter, die aus ihren eigenen ungelebten Persönlichkeitsanteilen resultieren, fremdbesetzt. Es kann psychisch nicht mehr atmen. Dies drückt sich schließlich auch auf der körperlichen Ebene aus – das Kind erstickte aufgrund der Lungenentzündung.

Da die hier beschriebene Situation für viele Mütter zutrifft, ohne daß gleich ihre Kinder sterben, mußte bei Raphael bereits die Ursache im Keim vorhanden gewesen sein. Die Situation, die Raphael nach seiner Geburt vorfand, war dann lediglich Weiterführung und zugleich Verstärkung seiner vorgeburtlichen Prägung.

7. TODESURSACHE
Naivität und irreales positives Denken

Wie Horst Eberhard Richter in einer Studie feststellt, glauben 75 % der Kinder an eine Zerstörung der Umwelt durch Industrie und Technik. Aber gerade diese Jugendlichen mit ihrem Pessimismus sind für ihn die Hoffnungsträger der Gesellschaft. Ihr Leidensdruck ermögliche es nämlich erst, daß sich Kinder und Jugendliche aufraffen, «das ökologische Tabu brechen» und gegen das drohende Unheil engagiert vorgehen. Jugendliche mit positiven Zukunftserwartungen seien dagegen politisch und sozial desinteressiert.

Diese Studie macht deutlich, daß ein einseitiges positives Denken im Sinne von ‹es wird schon alles gutgehen› sehr gefährlich sein kann. Es ist zwar wichtig, daß eine positive Grundeinstellung dem eigenen und dem Leben der anderen gegenüber besteht, aber Dinge, die ungünstig, schädlich, gesundheitsgefährdend oder gar lebensbedrohend sind, müssen benannt werden, damit die Weichen für die Zukunft anders gestellt, damit gerade negative Schicksalsereignisse nach Möglichkeit verhindert werden können.

Wie oft macht sich jemand, der Negatives beim Namen nennt, unbeliebt oder wie oft wird er verlacht, verspottet und von der Gruppe ausgegrenzt, weil er Angst hat oder weil er bei einer Aktion oder Bewegung nicht mitmachen will. Fest steht jedoch, daß derjenige, der Angst hat, besseren Zugang zu seiner inneren Stimme hat, der Stimme des Lebens, und daher mehr

Überlebenschancen. Angst ist, sofern es sich nicht um eine neurotische, lähmende Angst handelt, ein Warnsignal der Ersten Natur und sollte immer ernst genommen werden. Die Angst ist ein wichtiger Bestandteil des Selbsterhaltungstriebs. Sie schützt das Leben. Wer keine Angst hat, überholt mit dem Auto an einer unübersichtlichen Kurve oder springt mit dem Kopf voran in das Wasser, ohne dessen Tiefe vorher geprüft zu haben. Angst bewegt den Menschen dazu, zu hinterfragen, zu prüfen, Vorsicht walten zu lassen, Erkundigungen einzuholen, abzuwägen, nachzudenken, vor dem geistigen Auge Zukunftsszenarien auszudenken, Strategien auszuarbeiten, vorzubeugen . . .

Ist etwa das Gefühl ‹Angst› deshalb so unpopulär, weil es unbequem ist, weil damit so viel Mühe und Arbeit verbunden sind und man so viel nachdenken muß? Und vielleicht sind positive Selbstsuggestionen deshalb beliebt, weil man so auch den Kopf in den Sand stecken und Negatives verdrängen kann? Folgende Fälle geben die Gefahr, die mit dem Fehlen von Angst beziehungsweise Vorsicht verbunden ist, wieder.

Karl wollte mit seinem Freund Ferdinand eine Gletscherskitour in Österreich unternehmen. Obwohl die Bergwacht und auch mehrere Dorfbewohner sie davor warnten, in das lawinengefährdete Gebiet zu gehen, ließen sich die beiden nicht davon abhalten. Karl meinte im Brustton der Überzeugung: «Uns passiert schon nichts. Wir lassen uns unseren Urlaub nicht mies machen. Jetzt sind wir von so weit hierhergefahren, jetzt wollen wir uns nicht nur mit ein paar Idiotenhügeln zufriedengeben.» Karl und Ferdinand waren erst kurze Zeit unterwegs, als sich eine Lawine löste und die beiden unter sich begrub. Während Ferdinand sich mit letzter Kraft aus den Schneemassen befreien konnte, kam für Karl jede Hilfe zu spät.

Jeanette und Pamela, zwei Freundinnen von Anfang zwanzig, wollten fernab der großen Touristikzentren Urlaub in einem Entwicklungsland machen. Dort angekommen, mieteten sie einen Leihwagen und fuhren in entlegene Orte. In einem kleinen Fischerdorf luden zwei urige Männer die beiden Freundinnen ein, mit ihnen ein Lokal in einem anderen Ort aufzusuchen. Jeanette und Pamela gelten seit dieser Nacht als vermißt...

Wer sich in Gefahr begibt, kommt darin um, könnte man im Falle von Karl sagen. Bei näherer Analyse seines Falles stellte sich heraus, daß Karl aufgrund seiner positiven Lebenseinstellung im Freundeskreis sehr beliebt war. Für Karl gab es keine Probleme. Alles war erreichbar, alles war machbar. Viele seiner Bekannten und Kollegen bewunderten ihn. Sein bisweilen irreales positives Denken, das von der Umwelt noch bestätigt und verstärkt wurde, kostete Karl das Leben. Sein Optimismus und seine Zuversicht waren oft nicht auf Information und Wissen noch auf Erfahrung gegründet, sondern waren lediglich ein erlerntes Verhaltensmuster, mit dem man die Umwelt bluffen konnte.

Etwas anders gelagert ist der Fall von Jeanette und Pamela. Die beiden haben sich von der Mode, ‹Land und Leute kennenzulernen›, zu einer Dummheit verführen lassen. Mit diesem Anspruch gelingt es so gut, sich etwas von der Masse abzuheben und die eigene Geltung zu erhöhen.

Es ist bestimmt nicht unvernünftig, die sogenannten Touristengettos zu verlassen und Kontakt zu den Bewohnern eines fremden Landes aufzunehmen. Leider besteht meist eine Diskrepanz zwischen Vorstellung und Realität. Die Realität ist nämlich oftmals weniger ‹folkloristisch›. Die Bewohner des Ferienlandes haben meist gar kein Interesse an den Fremden und sind manchmal sogar feindselig eingestellt.

Die Einheimischen – bereits durch die Touristen und ihren materiellen Wohlstand ihrer Natürlichkeit und Unverfälschtheit beraubt – sind oft schon durch ‹Zivilisationskrankheiten› infiziert. Betrügereien, Diebstähle und Überfälle sind nicht selten. Die Kriminalitätsrate ist in diesen Ländern oft erschreckend hoch.

Häufig besteht auch bei den Urlaubern die Tendenz, flüchtige Kontakte überzubetonen und zu verklären. Sie berichten dann nach ihrer Heimkehr davon, wie herzlich sie von den fremden Menschen aufgenommen worden seien und wie nett sie sich doch mit ihnen haben unterhalten können. Auch Jeanette und Pamela glaubten solchen Erzählungen. Sie wurden Opfer ihrer jugendlichen Naivität und wie Karl Opfer eines positiven Denkens, das leider nicht mit Vorsicht gepaart war.

8. TODESURSACHE
‹Edle› Maßstäbe

Der ‹edle› Mensch lebt nach dem Maßstab von Gut und Böse. Es versteht sich von selbst, daß er auf der Seite des Guten steht. Das Böse verkörpern nur die anderen. Der ‹Edle› projiziert seinen Schatten, also seine Ängste, seine unbewältigten Konflikte, seine latenten Aggressionen, seine sexuellen Perversionen usw. auf sein Umfeld. Er selbst bleibt dabei integer und diszipliniert. Sein Fühlen, Denken und Handeln, ja sogar seine Motivation sind immer richtig und moralisch ‹sauber›.

Der ‹Edle› urteilt vom Bewußtsein aus, das Unbewußte bezieht er weder bei sich noch bei anderen in seine Überlegungen mit ein. Die Ganzheit des Lebens ist für ihn daher nicht erfaßbar. Er redet vielleicht von Ganzheit, redet von Liebe und Humanität, doch echte Menschlichkeit und offene Gespräche im Sinne eines Austausches und einer gegenseitigen geistigen Befruchtung können dort, wo er ist, nicht aufkommen.

In der Umgebung von solchen ‹edlen› Menschen häufen sich Krankheits- und Todesfälle!

Da es den Mitmenschen kaum möglich ist, dem strengen Maßstab des ‹Edlen› zu genügen, weil sie lebendiger sind als er, haben sie ständig Schuldgefühle. Sie kommen sich gegenüber dem ‹Edlen› schlecht und ungenügend vor. Sie haben insbesondere dann, wenn der ‹Edle› etwa als Lebenspartner oder Chef eine wichtige Bezugsperson ist, Angst, von ihm nicht mehr geliebt beziehungsweise angenommen zu werden.

Da jeder Mensch in seiner Kindheit ähnliche Empfindungen gegenüber den Eltern hatte, befindet er sich oft wie in Trance: Das alte Gefühlsprogramm wird wieder abgespult. Das Denken wird ausgeschaltet. Mit einer gesunden kritischen Einstellung würde der Betroffene erkennen, daß der ‹Edle› seine Haltung nur aufrechterhalten kann, solange andere fehlerhaft, unmoralisch und schlecht sind. Im Grunde genommen sind ‹edle› Menschen sogar darauf angewiesen, daß andere ihren unrealistischen Maßstab nicht einhalten können. Man würde den ‹Edlen› als Partner wahrscheinlich sogar verlieren, wenn man ebenso ‹anständig› und ‹moralisch wertvoll› werden würde. Vielleicht würden seine Mitmenschen erkennen, daß der ‹Edle› mit seiner strengen Haltung zunächst Ängste, Aggressionen und Heimlichkeiten bei ihnen erzeugt und dann die Auswirkungen seines eigenen Denkens und Handelns bekämpft. Sie würden ihm ob dieser bewußteren Einstellung gelassener begegnen und sich nicht mehr von ihm in die Enge treiben lassen.

Unerkannt aber kann der ‹Edle› in destruktiver Art und Weise direkt und indirekt auf die Psyche des anderen einwirken: direkt, indem er dem Mitmenschen den Lebensnerv abtrennt, ihn zur Verdrängung von lebendigen Gefühlen und Gedanken treibt; indirekt, indem die Betroffenen Opfer des *Gesetzes der Wiederkehr des Verdrängten* werden oder aufgrund ihrer Schuldgefühle Opfer des Schuld-Sühne-Prinzips. Wer denkt schon daran, daß unter Umständen hinter einer Krankheit, einem Verkehrsunfall oder gar einem Todesfall ein ‹edler› Maßstab stekken kann, der den Patienten oder das Opfer so weit getrieben hat, daß das Unbewußte auf Selbstzerstörung umschalten mußte.

Natürlich gilt auch hier, daß der Betroffene die Disposition für diese Krankheit oder für diesen Tod bereits mitgebracht hat. Sein ‹edler› Maßstab innen hat eine Affinität mit dem ‹edlen› Menschen, der diesen Maßstab lediglich in der Außenwelt verkörpert. Die Disposition besteht also darin, daß er aufgrund seiner inneren Vorprägung die Tendenz hat, den Maßstab des ‹Edlen› zu seinem eigenen zu erklären, und nicht zu seiner seelischen Eigenart und Lebendigkeit steht, weil er sich selbst verleugnet und dem Maßstab des ‹Edlen› entsprechen will. Er ist nicht sein eigener Richter, und daher wird über ihn gerichtet.

In einer unkritischen Haltung gegenüber dem ‹Edlen› ist es kaum möglich, Gefühle wie Wut, Aggression, Haß, Neid, Mißgunst oder Angst zu äußern, weil dies eine Bestätigung seiner Geisteshaltung ist: Er ist der Gute und menschlich Reife, der andere ist der Böse und seelisch-geistig Unterentwickelte. In einer solchen Situation müssen die negativ gepolten Gefühlsregungen anderweitig ausagiert werden. Der Betroffene gerät so in einen negativen Regelkreis, der in Extremfällen zum Tod führt.

Um es noch einmal zu betonen: Nicht der ‹edle› Mensch als solcher ist an der Krankheit und am Tod des anderen schuld, sondern der ‹edle› Maßstab in der Psyche des Opfers. Genauer betrachtet kann der ‹edle› Mensch mit Hilfe des *Gesetzes der Affinität* sogar zur Bewußtwerdung der eigenen inneren (irrealen) Maßstäbe beitragen, so daß die Begegnung mit dem ‹Edlen› sogar zu einer großen Chance werden kann, alte, todbringende Verhaltensmuster zu löschen.

9. TODESURSACHE
Verdrängte Sexualität, verdrängte Aggression

(Psychoanalyse einer jungen Witwe)

Sylvia ist die Tochter einer überaus ehrgeizigen Mutter, deren Bestreben es war, ihre Kinder innerhalb der gesellschaftlichen Rangordnung nach oben zu bringen. Sylvia war noch nicht ein Jahr alt, als ihr Vater im Krieg starb. Die Gefühle der Mutter bei der Nachricht vom Tod ihres Mannes waren gespalten. Einerseits war sie von der Nachricht erschüttert, stand sie doch nun mit zwei Kindern alleine da, andererseits war sie irgendwie erleichtert, daß sie nun nicht mit ihm nach Hamburg ziehen mußte (bei seinem letzten Besuch deutete er an, daß er mit der ganzen Familie nach Hamburg umziehen wollte. Bei diesem Besuch wurde Sylvia gezeugt). Das Gefühl der Erleichterung erzeugte bei Sylvias Mutter jedoch auch Schuldgefühle, die sie dadurch zu kompensieren versuchte, daß sie ihren verstorbenen Mann über alles Maß verehrte.

In der Schule war Sylvia zunächst sehr traurig, keinen Vater, so wie die Freundinnen, zu haben. Deshalb konstruierte sie sich einfach einen Vater in der Phantasie. Diese Einbildung wurde dadurch verstärkt, daß man zu Hause oft so tat, als ob der Vater wirklich noch da wäre. Während Sylvias Schulzeit achtete die sehr dominante Mutter streng darüber, daß alle Schularbeiten exakt ausgeführt wurden. Widerstand gegen sie wurde mit dem Teppichklopfer geahndet. Ferner litt Sylvia seelische Qualen, weil ihre Schwester ihr ständig vorgezogen wurde. Die Schwester bekam mehr Zärtlichkeiten als sie, da sie netter, gefühlsbetonter und weiblicher wirkte als Sylvia, deren Unbewußtes ein mehr maskulines Aussehen entwickelte, weil sie als Junge erwartet wurde. Stimuliert durch die Angst vor gleichgeschlechtlicher Konkurrenz in bezug auf ihre Schwester und ihre Klassenkameradinnen entwickelte Sylvia einen enormen Ehrgeiz in der Schule. Schon bald setzte sie sich als Klassenprima von den anderen ab und bestand das Abitur mit Auszeichnung. Welche Erfolge Sylvia jedoch auch immer erzielte, ihre Schwester war beliebter und bekam mehr Zuwendung.

Mit einundzwanzig Jahren lernte Sylvia ihren ‹Traummann› kennen, den sie fünf Jahre später heiratete. Sylvia war inzwischen Volksschullehrerin geworden. Mit siebenundzwanzig Jahren bekam sie ihr erstes Kind, ein Mädchen. Sie nannten es Kathrin. Als sie achtundzwanzig Jahre war, erblickte ihr zweites Kind, Hansi, das Licht der Welt. Sylvias Ehemann, Stefan, war Prokurist in einer Firma, die pharmazeutische Produkte herstellte. Er stammte aus einer patriarchal strukturierten Familie. Er litt unter einem stark autoritären Vater, der zudem seinen Bruder ständig bevorzugte, Stefan heiratete seine Sylvia nicht aus Liebe, sondern primär, um versorgt zu sein.

Sylvia war überglücklich, einen ‹Traummann› ihr eigen nennen zu dürfen, und funktionierte total in seinem Sinne. Sie las ihm jeden Wunsch von den Augen ab und verwöhnte ihn, wo sie nur konnte. Sylvia war wie in Trance. Ihre Gefühle und ihr ganzes Handeln waren nur auf eins gerichtet: Sie wollte diesen ‹Traum› aufrechterhalten. Eifrig war sie deshalb darauf bedacht, ihrem Mann zu gefallen, und sie tat alles für ihn, ohne jede Rücksicht auf ihre eigenen Bedürfnisse. Alles, was auch nur den Anschein des Negativen erweckte oder dem Traum gefährlich hätte werden können, wurde verdrängt.

Stefan genoß es, von ihr in den Himmel gehoben zu werden, hatte aber gleichzeitig Schwierigkeiten, ihre Liebe entsprechend zu erwidern. Er konnte ihre Sucht nach Zärtlichkeit nicht stillen. Deshalb war er oft abwesend. Gleichzeitig bestanden in der Beziehung sexuelle Schwierigkeiten. Sylvia litt unter Vaginalspasmen und hatte beim Geschlechtsverkehr oft Schmerzen. Dabei gelang es ihr, dem Partner immer wieder vorzuschwindeln, der Koitus wäre für sie erfüllend gewesen. «Stefan, es war trotzdem schön», sagte sie oft zu ihm, wenn Zweifel und Unsicherheit sich in seinem Gesicht widerspiegelten.

Bei der Geburt des ersten Kindes freute sich Stefan sehr. Eine Tochter hatte er sich schon immer gewünscht. Außerdem verlief die Geburt recht leicht, Mutter und Kind waren wohlauf. Sylvia hatte inzwischen ihren Beruf aufgegeben, fühlte sich aber in ihrer Rolle als Hausfrau und Mutter nicht wohl. Als seine Frau zum zweiten Mal schwanger wurde, begann Stefan ein Haus für seine Familie zu bauen. Er wollte seiner Frau, seinen Kindern und sich selbst eine neue Heimat schaffen. Sylvia war hingegen von diesem Plan nicht besonders begeistert. Insbesondere auch deshalb nicht, weil ihr Mann jetzt immer auf der Baustelle war und sich um sie und ihr Kind kaum mehr kümmern konnte. Gerade während der neuen Schwangerschaft hätten sie und auch die kleine Kathrin ihn so dringend gebraucht. Sie begann eifersüchtig auf das Haus zu werden. Sylvia begann Aggressionen gegen Stefan zu entwickeln, die sie nur mühsam unterdrücken konnte. Für sie war der Bau des Hauses eine sinnlose Angelegenheit. Viel wichtiger waren ihrer Ansicht nach sie und das Kind. Und wenn Stefan abends müde nach Hause kam, begann Sylvia – krampfhaft bemüht, dabei noch gütig zu bleiben – ihm Vorhaltungen zu machen. Ausführlich berichtete sie über ihre Sorgen und Nöte mit der kleinen Kathrin und der Schwangerschaft, ohne sich jemals nach seinen Schwierigkeiten beim Hausbau zu erkundigen. Wenn er davon zu erzählen anfing, blockte sie ab und sagte oft mit Tränen in den Augen, der Hausbau sei doch nebensächlich, es gehe doch jetzt um die Kinder. Und Stefan hielt dagegen, gerade weil es die Kinder einmal gut haben sollten, würde er das Haus bauen. Gegen Ende der Schwangerschaft litt Sylvia an einer Pilzinfektion im Vaginalbereich und konnte deshalb mit Stefan keinen Geschlechtsverkehr ausüben.

Einige Wochen nach der Entbindung erkrankte Hansi an einer schweren Darminfektion. Die Mutter wandte sich fast vollends dem kleinen Hansi zu. Hansi war ein überaus süßes Kind.

Sylvia schwärmte Stefan fast Tag und Nacht von ihm vor. Für sie war er ein Traumprinz aus Tausendundeiner Nacht. Für Sylvia begann ein neuer Traum. Stefan trat mehr und mehr in den Hintergrund. In diesen Tagen des neuen Traumes verwehrte sie sich ihrem Mann. Sie gab ihm zu verstehen, daß der kranke Hansi sie so beanspruche, daß sie für Sex kein Interesse habe.

Eines Tages klagte Stefan über heftige Kopfschmerzen. Diese hielten vierzehn Tage an und wurden immer schlimmer. Inzwischen hatte er sich in einer Spezialklinik untersuchen lassen. Der Befund war ein Schock: Stefan hatte einen Gehirntumor. Drei Tage später starb er während der Operation.

Bei der Nachricht von Stefans Tod brach Sylvia zusammen. Sie stand nun mit zwei kleinen Kindern alleine da. Zudem war das Haus noch nicht ganz fertig. Außerdem mußte sie nun, trotzdem ihre Kinder noch klein waren, wieder als Lehrerin arbeiten, da die Witwenrente allein nicht reichte und das Haus noch abbezahlt werden mußte.

Zwei Jahre trauerte Sylvia um ihren Mann. Überall im Haus hingen Fotos von ihm. Ihr Leben war nur noch ein Zehren von der erlebten ‹Traumehe›, bis eines Tages Hubert in ihr Leben trat. Hubert, der sehr gefühlsbetont war, empfand sofort Sympathie für die junge Witwe. Er saß in einer unbefriedigenden Ehe fest und erlaubte sich als Ausgleich einige ‹Abenteuer›. Sylvia ertrank fast unter seinen Küssen und Zärtlichkeiten. Außerdem konnte man sich mit Hubert gut unterhalten. Seine progressiven Ideen begeisterten sie. Ihr Leben begann neu.

Nach einiger Zeit jedoch fühlte sie sich von Hubert eingeengt. Hubert kam fast jede Nacht. Schließlich machte er ihr den Vorschlag, gemeinsam durchs Leben zu gehen. Für ihn war sie die ‹Traumfrau› schlechthin. Hubert tat alles für sie. Er mähte den Rasen, machte sich in der Küche zu schaffen und putzte Bad und WC. Hubert war Sylvia hörig. Für Sylvia war es erstaunlich, daß mit Hubert ihre früheren Vaginalspasmen nicht auftraten.

Hubert war jedoch für Sylvia – mehr unbewußt als bewußt – ein Eindringling in ihr Revier, das sie sich nach dem Tod von Stefan geschaffen hatte. Sie genoß es inzwischen, allein die Verantwortung für Haus und Kinder zu tragen. Sie wollte selbständig bleiben. Sie wollte sich nicht durch eine neue Person ihre Kreise stören lassen. Nur zeitweise wollte sie mit Hubert zusammensein, aber nicht für immer.

In dieser Situation traf sie auf Georg. Georg war groß und schlank und hatte kristallblaue Augen. Er war Philosoph. Tagelang lief Sylvia wie benommen in ihrem Haus herum. Ein neuer ‹Traum› begann. Sie schwärmte Hubert von Georg vor – wie schön, wie klug und wie gut er wäre. Zugleich verwehrte sie sich Hubert, weil sie jetzt den Traum ihres Lebens gefunden zu haben glaubte.

Hubert war sauer. Er haßte Georg, ohne ihn zu kennen. So blieb Hubert nichts anderes übrig, als sich zurückzuziehen. Wenig später bekam Hubert ein Magengeschwür. Einige Zeit später, als sein Magengeschwür nicht heilen wollte, wurde er operiert.

Sylvia hingegen investierte ihre Gefühle vollkommen in Georg, obwohl jener ihr von Anfang an zu verstehen gab, daß er sich als frei betrachte und jederzeit sich das Recht herausnehmen würde, mit einer anderen Frau zu schlafen. «Ich mag dich als Mensch, nicht aber als Geliebte oder feste Freundin», sagte er ihr immer wieder. «Schlaf doch wieder mit Hubert, damit ich kein schlechtes Gewissen haben muß», bat er sie oft. Der Schmerz, den seine Aussagen verursachten, verstärkten jedoch nur ihr Begehren. Voller Sehnsucht lag sie oft wach und hoffte, daß er wieder einmal anrufen würde. Georg kam zu Anfang der Beziehung selten. Nur manchmal erschien er unverhofft, meist nur, um sich satt zu essen. Bei diesen Gelegenheiten versuchte Sylvia ständig, Georg zu verführen. Oft steckte sie ihm auch Geld zu, kaufte ihm Kleidung und gab ihm Nahrungsmittel mit. Sie tat einfach alles, um den geliebten Menschen für sich zu gewinnen. Und es gelang ihr. Georg wurde emotional und sexuell immer abhängiger von ihr. Schließlich projizierte er all seine Gefühle und all seine Hoffnungen auf Sylvia. Sie war nun *seine* Traumfrau.

Einige Wochen später verliebte sich Sylvia bei einer Gruppentherapie in Sonja. Sonja war der Leiter und hieß eigentlich

Rolf. Doch während des gruppentherapeutischen Wochenendes durfte jeder einen anderen Namen annehmen.

Rolf war eine völlig ausgeflippte Gestalt. Ein Mann, der nur in indischen Gewändern durch die Räume schwebte. Auffallend war vor allem sein blutroter Königsmantel. Um den Hals trug er eine lange Kette, an deren Ende das Bild seines Gurus hing.

Von diesem Tag an war die geistige Welt Georgs vergessen. Es galt nur noch eines: Gefühl. Sylvia wußte gar nicht mehr, worüber sie sich mit Georg unterhalten sollte, denn ihrer Ansicht nach saß er im falschen Boot. Seine Thesen waren für sie nichtig. Rolf war dies ganz und gar nicht recht, denn er wollte sich nicht binden und schlief sogar vor den Augen von Sylvia mit einer anderen Frau. Trotzdem verwehrte sich Sylvia Georg, weil ihr Gefühl nur für einen sprechen würde: für Rolf, den sie wieder, wie damals Hansi, als Traumprinz aus Tausendundeiner Nacht bezeichnete. Daraufhin wurde Georg aggressiv. Seine geistige Welt, sein ganzes Denken und Tun wurden dadurch entwertet, daß Sylvia nun die Weltanschauung von Rolf angenommen hatte. Am schlimmsten jedoch war für ihn, daß sie sich verwehrte, da er inzwischen sexuell total von ihr abhängig war. Ein Traum war für ihn zerstört. Er war plötzlich voller Haß auf Sylvia.

Nach einiger Zeit trafen sich Sylvia und Georg nochmals zu einer Aussprache. Sylvia trug dabei ihr Lieblingskleid – ein blutrotes, langes und etwas altmodisches Kleid. Georg ekelte vor diesem Kleid so sehr, daß er ihr Haus verlassen mußte. Bei einem Telefongespräch acht Tage später ließ er seinen Aggressionen gegen Sylvia freien Lauf. Sylvia wußte nicht, was sie verbrochen hatte. Sie habe doch ein Recht, sich zu verlieben, meinte sie und sah die Angelegenheit einzig und allein als Georgs Problem an. Ihrer Meinung nach war dies alles nur bloße Eifersucht. Sie überlegte, wie sie Georg helfen könne, den Haß gegen sie zu überwinden. Georg hingegen erschien in der Beratung mit der Bitte um Klärung des Sachverhalts.

Sylvia wurde in einer völlig unsicheren Situation gezeugt. Zudem leistete ihre Mutter Widerstand gegen den Plan ihres Mannes, nach Hamburg zu ziehen. Unbewußt hoffte sie, daß es nicht so weit kommen möge, und nahm es daher sogar teilweise mit Erleichterung auf, als die Nachricht seines Todes eintraf.

Sylvias Mutter, in ihrer Grundstruktur herrisch angelegt, wollte eigentlich ihre inzwischen durch die lange Abwesenheit des Mannes erlangte Alleinherrschaft im Hause nicht wieder abtreten, mußte aber gegenüber dem autoritären Mann zurückstecken, wenn er nach Hause kam. Insbesondere lieb und zärtlich mußte sie zu ihm sein, wenn er auf Heimaturlaub war. Sie machte nur zum Schein mit. Der Abschiedskuß glich einem Judaskuß – sie küßte ihn, ohne sich dessen recht bewußt zu sein, mit einem schlechten Gewissen.

Die Darminfektion des kleinen Hansi ist ein Gleichnis für das, was sich während der ‹Traumehe› abspielte. Sylvia mußte als Folge der Überhöhung ihres Ehemannes ihre Bedürfnisse verdrängen. Das von dieser Verdrängung bedingte und im Unbewußten schlummernde Aggressionspotential übertrug sich über den Weg der psychischen Infektion auf das Kind. Die Darmerkrankung des Kindes ist auf Sylvias verdrängte Aggression zurückzuführen, die sich auf diese Art und Weise äußerte. Die Pilzinfektion der Vagina gegen Ende der Schwangerschaft entsprang derselben Problematik und war bereits ein Vorbote der späteren Schwierigkeiten. So wie die Pilzinfektion eine Möglichkeit bot, um sich dem Partner zu verwehren, und ersatzweise eine Auflehnung gegen den Hausbau möglich machte, so wurde die Darminfektion von Hansi unbewußt für Sylvia zum Mittel, um die Aggression gegenüber dem Patriarchen zu äußern. Dieser Umweg war für sie deshalb notwendig, weil eine offene Aggression mit Zornes- und Wutausbrüchen nicht möglich war, da sie ja als brave, gute Mutter und Ehefrau gelten wollte. Durch die Darminfektion hatte sie jedoch jetzt eine Möglichkeit, um auf verdeckte Weise ihrem Partner aggressiv zu begegnen. Unbewußt nahm sie dadurch allgemein Rache für ihre selbst gewählte Rolle als Sklavin des Mannes und situationsbezogen Rache dafür, daß Stefan sich mehr um den Hausbau als um sie und ihr werdendes Kind kümmerte (das Haus stand symbolisch für ihre Schwester, auf die sie eifersüchtig war).

So wandte Sylvia alle Gefühle dem kleinen Hansi zu und hatte dabei auch noch ein Alibi für diese vollkommene Hingabe, da Hansi ja krank war. Den Überschwang, mit dem sie von Hansi erzählte, empfand Stefan als Entwertung seiner Person. Er trat in den Hintergrund. Diese Entwertung geschah auf maßstäbliche, rechtmäßige Art, nämlich mittels des Mutterideals. Auf diese Weise wurde der Partner unbewußt stärker angegriffen als durch eine verbale Konfrontation. Der Partner hatte zudem keine Chance, die Aggression zurückzugeben, denn er hatte sie als solche ja gar nicht erkannt. Und gegen eine Gefahr, die man nicht kennt, kann man sich nicht zur Wehr setzen. Außerdem war es ja auch sein Kind, mit dessen Wohl Sylvia ihren Angriff ‹getarnt› hatte. Die letzte Chance, *seine* Aggressionen auszugleichen (die, geht man die Ursachenkette noch weiter zurück, unter anderem auch in Sylvias Vaginalspasmen begründet lagen – dadurch war die Sexualität für ihn wenig befriedigend gewesen), mißlang im Hausbau. Seine Arbeit und Aktivität beim Hausbau wurde von Sylvia entwertet und für sinnlos erachtet. Das Ausleben der verdrängten Sexualität durch Aktivität scheiterte. Schließlich verweigerte sich Sylvia wegen der Überbeanspruchung durch Hansi ihrem Manne gänzlich. So wurde die sexuelle Verwehrung aus Gefühlsgründen (‹Mutterinstinkt› etc.) als weitere Aggression gegen den Partner gewendet. Neuer Partner war nun der kleine Hansi. Dadurch hatte Stefan weder die Möglichkeit seine Sexualität noch seine Aggression auszuleben.

Als nunmehr Stefans sämtliche Aktivitäten in der Außenwelt unbefriedigt blieben, war nur noch die somatische Ebene übrig. Stefan hatte keine Möglichkeit, um seine unbewußten Aggressionen gegenüber seiner Frau auszuleben. Sie selbst kam als Projektionsfläche nicht in Frage, da sie ja eine mehr als gute Mutter war. Ihr gegenüber Aggressionen zu zeigen wäre für ihn der Inbegriff des Bösen gewesen. Deshalb erwirkte sein Unbewußtes, da es für ihn aussichtslos schien, jemals gegen Hansi, den Traum, bestehen zu können (und aus moralischen Gründen eine andere Frau für ihn nicht in Frage kam), gleich tödliche Kopfschmerzen. Es schaltete auf Selbstvernichtung.

Sylvia rächte sich unbewußt an ihrer Schwester, die für sie Konkurrentin war, mit den Waffen der Schwester: mit Weiblichkeit und Gefühl, die ihr als Ideale ständig während der Kindheit in Form ihrer Schwester vorgeführt wurden und die sie zu guter Letzt introjiziert hat. Sie wollte auch so gefühlvoll und weiblich sein wie die Schwester. Die Schwester wohnte in ihr. Und Sylvia war auf jeden unbewußt böse, der die Schwester nicht in ihr, sondern außen, in Form von anderen Frauen oder in Form von Symbolen suchte. Deshalb mußte sie die Weiblichkeit beziehungsweise das Gefühl in sich überbetonen. Sie wollte ihre Schwester übertrumpfen. Das wurde ihrem Ehemann zum Verhängnis, der mit dem Bau des Hauses unbewußt beweisen wollte, daß er tüchtiger als sein Bruder sei.

Ähnliches wie bei Stefan spielte sich bei Hubert ab, nur in *umgekehrter* Hinsicht. Hubert spielte die Rolle, die Sylvia bei Stefan gespielt hatte, die Rolle des sich aufopfernden Menschen, der ständig Aggressionen verdrängt. Sylvia fühlte sich jedoch bald von so viel Fürsorge und Zärtlichkeit erdrückt. Sie fühlte sich irgendwie besetzt und versuchte mehr und mehr Distanz zu halten. Sylvia verhielt sich ähnlich wie ihr verstorbener Ehemann, der dieser Situation durch Abwesenheit ausgewichen war. Durch Hubert sollte ihr das Verhalten von ihr bewußt werden, was Stefan eingeengt hatte. Beim Erleben dieses Persönlichkeitsanteils im Verhalten von Hubert wurde ihr die Ursache bald klar.

In der Rolle des Sadisten, der die Abhängigkeit des Partners offen genießt, hatte sie es nicht mehr nötig, ihren Sadismus als Vaginalspasmen verschleiert auszuspielen. Sie hatte Macht über ihn. Sie fühlte sich jetzt nur selbst eingeengt und erdrückt von den Zärtlichkeiten des Partners. Diese fast erstickenden Zärtlichkeiten des Partners waren Spiegelbild ihrer eigenen Gefühlsüberbetonung, die sie als Kompensation ihres Mankos gegenüber ihrer Schwester aufgebaut hatte. Synchron mit der seelischen ‹Besetzung› verlief auch die ‹Besetzung› von Sylvias Haus durch Hubert, die in dem Wunsch, dort einzuziehen, gipfelte. Sylvias Unbewußtes reagierte daraufhin blitzschnell. Vor Umzug oder Einzug hatte sie einen Horror, war sie doch gerade im Widerstand gegen einen Umzug (nach Hamburg) gezeugt worden. Außerdem bestand die große Gefahr, daß die nach dem Tod ihres Mannes erreichte Selbständigkeit nun eingeschränkt werden würde. Es war dieselbe Selbständigkeit und Alleinherrschaft, die ihre Mutter bewahren wollte und die durch den Umzug nach Hamburg gefährdet gewesen wäre. Deshalb ‹holte› sich ihr Unbewußtes in der Außenwelt einen neuen Mann, nämlich Georg. Somit konnte ihr altes Verhaltensmuster erneut aktiviert werden: Überschwang der Gefühle für den neuen Partner und Entwertung sowie Verwehrung gegenüber dem alten Partner. Hubert, auf diese Weise stehengelassen, sah nun keine andere Möglichkeit, als ein Magengeschwür auszubilden.

Für Hubert endete die Verbindung mit Sylvia glimpflicher als für Stefan. Daß er verheiratet war und zu seiner Frau zurückkehren konnte, war ein wesentlicher Grund für sein Überleben. Zudem war es ihm möglich, die Aggression wenigstens teilweise auf den Nebenbuhler zu projizieren. Den anderen Teil, nämlich die Aggression gegen Sylvia, erfuhr er allerdings nur passiv bei seiner Magenoperation.

Bezeichnenderweise lernte Sylvia Rolf, den zweiten Traumprinz aus Tausendundeiner Nacht, just in dem Augenblick kennen, als er sich Sonja nannte, also einen Mädchennamen annahm. Sonja ist die Materialisation des Übertrumpfens der Schwester, die leibhaftige Überbetonung des Gefühls. Sylvia lernte Sonja alias Rolf also genau in der Phase ihres Lebens kennen, in der sie mit der Überbetonung ihres Gefühls direkt konfrontiert wurde. Nicht umsonst war Rolf ein Lehrer des Fühlens. Sie hatte in ihm genau ihre Identität gefunden. Stefan und Georg hatten sie gefühlsmäßig besetzt und eingeengt, bei Hubert hatte sie die Besetzung und Einengung durch Zärtlichkeit und Gefühl selbst ‹erlitten›, bei Rolf wurde die Macht des Gefühls in eine Ideologie projiziert, die Rolf und Sylvia verband. Mit dieser Ideologie des Fühlens, die fanatisch vertreten wurde, wollte Sylvia wieder ihre Schwester übertrumpfen. Diesesmal war es nicht die symbolische Schwester ‹Haus›, sondern das geistige Gebäude, das Georg baute. So wie sie damals auf das Haus, ihre symbolische ‹Schwester›, eifersüchtig war, weil Stefan dauernd am Haus arbeitete und sich ihrer Ansicht nach zu wenig um sie kümmerte, so war sie jetzt eifersüchtig auf das geistige Gebäude, in dem Georg die meiste Zeit verbrachte. Deshalb mußte sie ihre Schwester (Haus, geistiges Gebäude) entwerten, um mit *ihrem* Gefühl, ihrem Kind Hansi, beziehungsweise mit ihrem Rolf in den Vordergrund treten zu können. Wieder wurden die Aggression und der Zorn gegen den bisherigen Partner auf versteckte, verschleierte Art eingesetzt. So wie damals Hansi unbewußt dazu benützt wurde, um die Aggressionen gegenüber dem Ehemann auszuleben, wogegen Stefan machtlos war, da es ja auch sein eigener Sohn war, so wurde jetzt die geistige Schöpfung Georgs von Sylvia in ihrem Sinne unbewußt umfunktioniert, um ihm mit seiner eigenen Schöpfung aggressiv zu begegnen und ihn zu bestrafen. Und wiederum ist der Mann machtlos, da es ja seine eigene Schöpfung ist, die gegen ihn gewendet wird. Gleichzeitig kommt wieder der alte Mechanismus des sexuellen Verwehrens zum Tragen, was als weitere Aggression beziehungsweise Macht gegenüber dem bisherigen Partner verwendet wird. Durch diesen sich wiederholenden Mechanismus scheint Sylvia aggressions- und haßfrei und fühlt sich immer gut und edel. Hinzu kommt, daß sie immer ihren Willen durchsetzen kann und daß sie von allen Leuten auch noch als Witwe oder als Opfer von massiven Aggressionen bedauert wird. So bleibt Sylvia jeweils als die Einzige, die Gescheite (vgl. Klassenprima), die Integre, Vernünftige und Rechthabende zurück, nachdem der Partner jeweils durch die Macht des Unbewußten ausgeschaltet ist.

Entscheidend für ihren ‹Sieg› ist dabei immer die Macht des

Weiblichen, des Natürlichen und des Gefühls, die sie früher an ihrer Schwester beneidete und gegenüber der sie, was auch immer Sylvia als Kind unternahm, machtlos war. Diese Macht war von Sylvia verinnerlicht worden. Ihre Schwester aber hatte eine natürliche Weiblichkeit, eine natürliche Sensibilität, die Sylvia als Macht und somit als erdrückend empfand, eben weil sie selbst diese Eigenschaften kaum aufweisen konnte. Die Verinnerlichung fand also aus einem Bedürfnis nach Macht heraus statt. Zudem mußte die Macht der Schwester noch mal übertrumpft werden. Somit verwandte Sylvia die Macht des Natürlichen und Weiblichen zusammen mit der verdrängten Aggression unbewußt, um ihren Ehrgeiz durchzusetzen, und siegte nun im Gegensatz zu früher auf der ganzen Linie, wenngleich sie selbst immer wieder unter diesen Siegen zu leiden hatte (etwa unter dem Tod des Ehemannes).

So zieht Sylvia ihrer psychischen Problematik entsprechend ständig Männer an, die bei ihr der Einzige sein wollen, und läßt die beschriebenen Machtmechanismen in ihrer Psyche in Aktion treten. Gegen die Macht der Natur und des Weiblichen ist jeder Patriarch, das heißt jeder, der der Einzige und so unbewußt Gott sein will, machtlos, denn die Natur siegt immer. Es muß jedoch betont werden, daß hier zwei psychische Probleme zusammenkommen: die Überbetonung des Weiblichen, mit der Macht ausgeübt wird und die destruktiv ist (natürliche Weiblichkeit hingegen hieße, einfach weiblich zu *sein*), *und* der Minderwertigkeitskomplex des Partners, der nur dadurch kompensiert werden kann, daß er der Einzige ist, zum ‹Gott› in der Familie erhoben wird. Die Lehre, daß man nicht immer der Einzige sein kann, da es den Gesetzen des Lebens widerspricht, hat Sylvia ihren Partnern erteilt, indem sie einen Sohn gebar oder sich neu verliebte. Dies sind ‹Naturgewalten›, die der Partner zu akzeptieren hat, die er aber in diesem Fall nicht verkraftet, weil er von der Höhe in die Tiefe gestürzt wird. Würde er von Sylvia nicht entwertet und aufs Abstellgleis geschoben werden, würden sich keine derart negativen Folgen zeigen. Da Sylvia jedoch die ‹Naturereignisse› unbewußt als Mittel sah, ihre Schwester zu übertrumpfen und zugleich damit ihre alten Aggressionen plötzlich und mit *einem* Schlag beim bisherigen Partner abzuladen, wurde die psychische Belastbarkeit des Partners überfordert. Die Geburt des Sohnes oder das Sich-neu-Verlieben ist für Sylvia ein Triumph (daher die große Begeisterung), nicht ein natürliches Ereignis.

Sie mochte den neuen Partner lieber, weil sie mit ihm ihre Schwester besiegen konnte und von diesem Sieg wie berauscht war. Dies ist keine wahre Liebe, sondern nur die Liebe zur Macht. Richtig wäre, den neuen Partner genauso gern zu mögen wie den alten, so daß beide, der alte und der neue, gleichberechtigte Partner werden könnten, denn es ist von der Natur aus sicher nicht gewollt, daß etwa der Vater stirbt, damit – wie in diesem Fall – der kleine Hansi der Einzige sein kann. Dieses Kind wird später unter Umständen mit derselben Problematik konfrontiert und wird einmal, damit ein anderer der Einzige, der Größte und der Höchste sein kann, vielleicht auf dieselbe Art und Weise seinen Platz räumen müssen.

Es liegt nicht in der Natur, den Vater sterben zu lassen, damit der Sohn als Einziger an seine Stelle treten kann. Auch wenn damit der verbreitete Aberglaube sich bewahrheitet: einer muß sterben, damit ein neuer geboren werden kann. Wichtig ist es jedoch, die Gründe für den Tod aufzuspüren, die sämtlich – falls jemand nicht an Altersschwäche stirbt – im neurotischen Verhalten des Betroffenen und seiner Umgebung zu suchen sind; dieser Aberglaube stellt die Neurose nicht in Frage, er bestätigt sie und gibt damit dem Tod etwas Unheimliches, Schauer erregendes, statt ihn zu entlarven. Um diesen Tod schließlich zu verhindern, ist es allerdings nötig, daß man sich selbst in Frage stellt. Und das fürchten viele mehr als den Tod.

Der Tod des Vaters von Hansi lag im pathologischen Ausleben der komplementären Kindheitsschäden von Vater und Mutter begründet, war also nicht von Natur aus gewollt. Ein Kind braucht den Vater, das ist natürlich, nicht aber der Tod des Vaters. Dieser Tod ist kein Naturereignis, sondern ein ‹Neurose-Ereignis›.

Genauso ist es mit der Liebe Sylvias. Auch die Eifersucht, die bei ihrem Partner offen zutage tritt und die Sylvia einzig und allein als das Problem des Partners ansieht, ist nur die Reaktion auf ihre unbewußte Eifersucht gegenüber ihrer Schwester. Diese unbewußte Eifersucht äußerte sich in der Sucht des Schwärmens, in dem Überschwang, mit dem vom Sohn oder vom neuen Partner berichtet wird, und insbesondere in der Entwertung der Konkurrenz.

Die offene Eifersucht des Partners ist ein Gleichnis, ein Spiegelbild ihrer inneren Eifersucht, die sowohl für sie selbst als auch für den Partner nicht erkennbar ist. Die unbewußte Eifersucht löst jedoch meist die offene Eifersucht aus. Unbewußte und offene Eifersucht, die hier zusammenprallen, sind nur Symptome von Ursachen, die in der früheren Kindheit liegen. Sie lassen eine Problematik wieder aufleben, die in der Frühzeit des Lebens nicht verarbeitet werden konnte und deshalb verdrängt wurde. Bei diesem Zusammenstoß bleibt jedoch meist der unbewußt Eifersüchtige Sieger. Er hat Macht über die Seele des offen Eifersüchtigen. Im vorliegenden Fall ist die Eifersucht Georgs das Produkt von Sylvias Überbetonung des Gefühls (unbewußte Eifersucht, Schwärmerei) und ihrer sexuellen Abwehr. Mit dem Wort ‹Eifersucht› oder mit dem Satz «Ich habe doch ein Recht, mich zu verlieben», überdeckt Sylvia das destruktive Ausleben ihrer Kindheitsschäden und projiziert die Schuld vollkommen auf den anderen. Die ganze Problematik vereinfacht Sylvia dahingehend, daß der andere so aggressiv sei, weil er eben eifersüchtig ist. Der Fehler von Stefan, Hubert und Georg war, daß sie Sylvia als *einzige* Frau ansahen. Nur die *Fixierung* auf sie war gefährlich. Ohne diese Fixierung hätte auch Sylvia nicht ihre Macht auf diese zerstörerische Art ausleben können, da sie die Partner dann kaum oder nur wenig getroffen hätte. Rolf, der das Bild eines Gurus um den Hals hängen hatte und ein Leitbild in bezug auf das Gefühl war, wurde einige Jahre später der ‹Hansi› auf einer neuen Symbolebene.

Sylvias rotes Lieblingskleid, mit dem sie sich Georg präsentierte, war der Ausdruck ihrer verdrängten Aggression. Sie führte ihm damit symbolisch ihre getarnte Aggression vor, die im ‹Gewand› des Guten – weil offener Zorn, offene Wut, offene Angriffe zu Hause verboten waren – ihren Ausdruck fand. Diese unbewußte Aggression liebte sie deshalb, weil sie mit ihrer Hilfe immer gewann. Auch in dieser nebensächlich erscheinenden Situation war wieder der andere, nämlich Georg, der Böse, weil er sich von diesem Kleid abgestoßen fühlte und sich daher so aufführte. Er durfte sich gegen ihre getarnte Aggression nicht auflehnen, weil das ‹böse› ist. Es bestand die Gefahr, daß sie durchschaut würde. Und Entlarven des ‹Bösen› ist ‹böse›, das ist nicht nur bei einem weiblichen Patriarchen wie Sylvia, sondern bei allen Patriarchen dieser Welt die Regel.

Hinzuzufügen wäre noch, daß Georgs offene Aggression, mit der Sylvia in dieser Situation konfrontiert wurde, nichts anderes war als ein Gleichnis für die verdrängte Aggression von Stefan, die, weil sie nicht nach außen treten konnte, letzterem das Leben kostete. Und wenn Sylvia Georg helfen wollte, den Haß gegen sie zu überwinden, so war dieses Helfenwollen nur eine weitere Abwehrhaltung, um sich selbst nicht in Frage stellen zu müssen, um den eigenen Standpunkt und das Verhalten nicht revidieren zu müssen.

Wie könnte Sylvia zukünftig ein günstigeres Schicksal erwirken? Zunächst müssen ihr die Mechanismen, die bisher unbewußt abgelaufen sind, bewußt werden, damit überhaupt die Bereitschaft zur Verhaltensänderung vorhanden ist. Alsdann ist es notwendig, daß sie lernt, ihre eigenen Bedürfnisse offen kundzutun und mit ihren Partnern auf einer erwachsenen Ebene zu kommunizieren. Auf diese Art und Weise lernt sie, die Männer und deren Welt zu verstehen. Ihre innere Animusfigur wird damit realistischer. Indem sie den Männern nicht mehr dient, sich nicht mehr für die Aufrechterhaltung von Harmonie und Traum verleugnet, entsteht in ihrem Unbewußten weniger Aggressionspotential. Sie ist daher für die Partner zunächst unbequemer, langfristig gesehen jedoch weniger gefährlich, da ihr Unbewußtes nicht mehr verschleierte und verdeckte Aktionen starten muß. Da Sylvia also bewußt nichts Böses wollte, wäre es verfehlt, ihr den schwarzen Peter zuzuschieben. Es ist sehr problematisch, wenn ein Mann wie Georg mit einer Frau wie Sylvia in Kontakt kommt. Ist sie doch die Widerspiegelung des derzeitigen Entwicklungsstandes seiner inneren Animafigur. Während dem psychologischen Beratungsgespräch zeigte sich, daß er mit zehn Jahren die Geburt seines kleinen Bruders, den seine Mutter ihm vorzog, als Trauma erlebte. Bis zu diesem Zeitpunkt war Georg der einzige Sohn. Diese ‹Entthronung› wiederholte sich nun bei Sylvia. Rolf war sein kleiner Bruder auf neuer Symbolebene. Georg wollte mit seinem geistigen Gebäude, an dem er so lange gebaut hatte, seinen Bruder übertrumpfen. Insofern war der Machtkampf zwischen Sylvia und Georg auch auf Kindheitstraumata zurückzuführen. Als Georg klar wurde, daß es ihm wenig nützt, wenn Sylvia (allein) sich ändert, solange seine eigenen seelischen Probleme nicht verarbeitet sind, konnte er langsam seine Aggression gegen Sylvia abbauen. Es wurde ihm bewußt, daß, solange er sein Kindheitstrauma nicht verarbeitet hat, eine neue Erfüllungsgehilfin bereits auf ihn wartet, um ihm ein ‹psychisches Messer› an die Brust zu setzen.

Ich habe bewußt Sylvias Fall etwas ausführlicher abgehandelt, um aufzudecken, wie gefährlich es ist, an die patriarchalen Normen, Ideale, Gebote und Verbote zu glauben. Wer die patriarchalen Regeln für bare Münze hält und glaubt, sie selbst dann konsequent einhalten zu müssen, wenn das Leben eine deutlich andere Sprache spricht, wird immer wieder in die Enge getrieben werden. In einem solchen Fall ist man seinen unbewußten Reaktionen gänzlich ausgeliefert und setzt sich damit selbst schachmatt. Insbesondere können, wie wir gesehen haben, sexuelle Verdrängungen und verdrängte Aggressionen, wenn sie einen bestimmten Schwellenwert übersteigen, so destruktiv werden, daß ein Weiterleben nicht mehr möglich ist. Diese Problematik besteht auch, wenn eine objektive Gefahr, wie etwa die Angst vor der Infizierung mit Aids, die Ursache von Verdrängung und Aggression ist.

AIDS UND DIE FOLGEN DER VERDRÄNGTEN SEXUALITÄT

Viele Frauen, die weniger sexuelles Interesse haben, suchen primär nach Männern, die ihnen seelische Liebe, Wärme und Geborgenheit schenken, und viele Männer, die sehr triebhaft sind, sind permanent auf der Suche nach Frauen, mit denen sie heiße, leidenschaftliche Nächte erleben können. Da diese Suche aufgrund der unterschiedlichen Rollenprägung sowie aufgrund des *Gesetzes der Anziehung* meist wenig Aussicht auf Erfolg hat, kann die Suche nach Bedürfnisbefriedigung im Aidszeitalter zum Risikofaktor werden.

Diese Frauen werden, obwohl sie sich so sehr nach einem einzigen Partner sehnen, mit dem sie für immer glücklich sein wollen, auf ihrer Suche gezwungenermaßen die Partner wechseln. Denn es wiederholt sich immer wieder die Situation, daß sie nach der geschlechtlichen Begegnung jeweils vom potentiellen Partner verlassen werden. Der triebhafte Mann, der seine Bedürfnisse nicht befriedigt sieht, hofft auf die nächste Frau und projiziert dann auf sie das Bild einer heißblütigen Geliebten, um oft wieder aufs neue enttäuscht zu werden.

Aufgrund der Ansteckungsgefahr durch das Aids-Virus ist es momentan so, daß die Menschen bei ihrer Suche nach einem passenden Partner stark eingeschränkt sind. Ohne ihr Zutun ist ihnen und ihren Bedürfnissen eine Beschränkung auferlegt, die sie ohne Gefährdung ihrer Gesundheit oder ihres Lebens auch nicht ohne weiteres aufheben können.

Weniger durch Aids gefährdet sind die leidenschaftliche Frau, die fast immer in einer festen Beziehung lebt (kein Mann würde sie je verlassen, es sei denn, sie wäre extrem verhaltensgestört), und der ‹frigide› Mann, der seine Sexualität lieber symbolisch als Motorsportfan oder als Workaholiker auslebt. Doch was macht der triebhafte Mann und die nach Geborgenheit suchende Frau? Es bleibt ihnen fast nichts anderes übrig, als ihren Drang zu *ver*drängen! Nach dem *Gesetz der Wiederkehr des Verdrängten* ist diese Energie dann nicht einfach verschwunden, sondern kehrt in einer anderen Gestalt wieder. Durch den Akt der Verdrängung wird die Energie pervertiert und erhält einen destruktiven Charakter.

Wir haben an anderer Stelle davon gesprochen, wie gefährlich es ist, wenn eine Kompensationsfläche wegfällt. Hat jemand bisher in seinem Persönlichkeitssystem Seitensprünge als Hauptkompensation eingeplant, so ist er – wenn er durch das Aids-Virus gezwungen ist, diese Tendenz zu unterdrücken – ernsthaft gefährdet, zu erkranken oder in Extremfällen gar unbewußt den Tod zu suchen. Der Ausgleich, der bisher über neue Liebschaften erfolgte, fällt weg. Der Betroffene bekommt psychisch keine Luft mehr. Er hat kein Ventil mehr, das ihm erlaubt, wieder harmonisch und ausgeglichen in seine feste Beziehung zurückzukehren. Die Zahl derer ist groß, die im Laufe der Geschichte aufgrund der Unterdrückung der Sexualität erkrankt sind oder sterben mußten, weil die verdrängte Energie sich destruktiv am eigenen Leib ausgetobt hat oder unbewußt auf die Außenwelt projiziert wurde, was sogar zu Kriegen geführt hat. Es ist zu befürchten, daß die Zahl der Menschen zunehmen wird, die somatisieren oder sterben werden, weil durch die Angst vor Aids ihre Hauptkompensationsfläche weggefallen ist. Bereits heute ist es nicht unwahrscheinlich, daß mehr Menschen an der Angst vor Ansteckung und der damit in Verbindung stehenden Unterdrückung von lebenswichtigen Energieaustauschprozessen erkranken oder sterben als an Aids selbst. Auch ist damit zu rechnen, daß die Verdrängung von neuen Kontakten, von Trieben und Sehnsüchten usw. eine Verschiebung dieser Energien auf andere Ebenen zur Folge hat. Die gestauten Energien suchen sich andere Ventile, um sich zu entladen: Steigerung des Aggressionspotentials, Zunahme von Ehestreit, sozialen Unruhen, Aufstände, Unfälle ... Auch hier zeigt sich die Vernetzung des eigenen Persönlichkeitssystems mit der Umwelt. Allerdings ist es schwierig, solche Störungen des psychoökologischen Gefüges zu beweisen, da sie meist im Unbewußten verborgen bleiben und statistisch nicht erfaßbar sind.

10. TODESURSACHE
Fixierung und Wahn (Paranoia)

«Die menschliche Gesellschaft ist ein Irrenhaus, das von Beamten und Polizisten bewacht wird.»
August Strindberg

Schicksal ist häufig nichts anderes als Konfrontation mit der Realität. Wenn unsere Vorstellungen und Bilder, die wir von anderen Menschen und vom Leben schlechthin haben, nicht mit der Wirklichkeit übereinstimmen, werden wir vom Schicksal oft hart getroffen. Wir werden enttäuscht, weil wir uns vorher getäuscht haben, weil wir etwas geglaubt haben, was in Wirklichkeit anders ist. Dies wird jedem öfters passieren. Deswegen ist man aber noch nicht gleich ein Todeskandidat. Je stärker jedoch die Vorstellung oder die Fixierung von der Realität abweicht, um so größer ist die Wahrscheinlichkeit, sich und die Mitmenschen dadurch in Gefahr zu bringen. Fast jeder Selbstmord ist auf irgendeine irreale Vorstellung zurückzuführen – unheilbar krank zu sein, nicht geliebt zu werden, nur mit einem spezifischen Partner glücklich werden zu können usw. Besonders gefährlich ist es, wenn die Vorstellung wahnhaften Charakter annimmt.

Wahn (Paranoia) ist eine objektiv falsche, aus krankhafter Ursache entstandene Überzeugung, die ohne eine entsprechende Anregung von außen entsteht und trotz vernünftiger Gegengründe aufrechterhalten wird. Bei der Feststellung von

Wahn müssen eine Reihe von phänomenologischen Kriterien beachtet werden:

1. Die wahnhafte Überzeugung wird mit einer subjektiven Gewißheit erlebt, die die Gewißheit normaler Überzeugungen übertrifft.
2. Unbeeinflußbarkeit durch Erfahrung und durch zwingende Schlüsse (Widerspruch zur Evidenz).
3. Absolute Unkorrigierbarkeit auf dem Höhepunkt der Erkrankung.
4. Entstehung aus krankhafter Ursache.
5. Der Unterschied zum Irrtum besteht in den Ursachen (Krankheit) und den Konsequenzen. Ein Irrtum ist bei ausreichender Information korrigierbar, am Wahn wird trotzdem festgehalten.
6. Der Inhalt des Wahns wird innerhalb der soziokulturellen Gruppe des Betreffenden von niemandem oder fast niemandem geteilt, sondern im Gegenteil als falsch beurteilt (Unterschied zu Aberglauben, gemeinschaftlichen Irrtümern).

Es ist teilweise schwierig, das Krankheitsbild der Paranoia zu beleuchten, ohne auf massiven Widerstand und auf starke Emotionen zu stoßen. Vielfach herrscht die Meinung, die Kranken seien nicht wirklich krank, sondern würden nur von einer unmenschlichen Psychiatrie als pathologisch eingestuft werden. Viele Menschen glauben, es sei Anmaßung, darüber zu befinden, was als pathologisch gilt und was nicht. Sie werfen Fragen auf wie ‹Vielleicht sind die Wahnkranken gesünder als wir?›, ‹Vielleicht können wir nur ihre Welt nicht erfassen?›

VERSCHIEDENE FORMEN VON PARANOIA

Im Wahnsystem des Patriarchats (kollektive Paranoia) will der Mensch sich über Natur und Seele und deren Gesetzmäßigkeiten stellen. An der Spitze des Eisberges erkennen wir den Rüstungswahn, bei dem versucht wird, Friede und Freiheit in der Welt durch Aufrüstung zu erreichen (siehe Punkt 2 – Widerspruch zur Evidenz: Jede Aufrüstung war bisher Vorbereitung für den Krieg). Der Wachstumswahn behauptet, daß auf einem begrenzten Planeten unbeschränktes Wirtschaftswachstum möglich wäre. Der Atomwahn nimmt an, daß Atomreaktoren sicher und störungsfrei bis in alle Ewigkeit funktionieren würden. Der Automobilwahn, an dem trotz Millionen von Toten und Verletzten und trotz Waldsterben festgehalten wird ...

Auf diese *kollektive Paranoia* reagieren nun manche Menschen mit einer *individuellen Paranoia,* das heißt sie bilden ein eigenes Wahnsystem aus, das genauso krankhaft ist. Hier kommt der Symptomkomplex zum Tragen, den die Psychiatrie ausführlich beschreibt. Der Betreffende ist – das steht außer Zweifel – geistig krank, so wie ein an Fieber Leidender körperlich krank ist. Daß in der Geschichte der Psychiatrie die Humanität häufig auf der Strecke geblieben ist und viele Menschen für krank erklärt wurden, die nur anders waren oder anders leben wollten, als es die Norm der kollektiven Paranoia vorschrieb, darf nicht zu dem Umkehrschluß verleiten, es gäbe gar kein Krankheitsbild der Paranoia beziehungsweise das Krankheitsbild wäre nur eine Konstruktion, ein Wahngebilde der herkömmlichen Psychiatrie selbst. Gerade deshalb, um nicht Gefahr zu laufen, von der Umwelt oder von der Psychiatrie als ‹wahnsinnig› apostrophiert zu werden, ist es wichtig, über das Krankheitsbild der Paranoia Bescheid zu wissen.

Wenn jemand den Normen und Idealen beziehungsweise den Wahnkonstruktionen der kollektiven Paranoia nicht entspricht, wird er – insbesondere im Arbeitermilieu und Kleinbürgertum – als krank abgestempelt. Er wird aus der Gemeinschaft ausgeschlossen, man meidet oder verstößt ihn. Ein solcher Mensch befindet sich meist jedoch lediglich auf dem schmalen Pfad der geistigen Gesundheit, der zwischen der kollektiven und der individuellen Paranoia liegt. Es ist wichtig für ihn, die verschiedenen Wahnsysteme zu kennen, sie benennen und beschreiben zu können, um nicht an sich selbst zu zweifeln, gegen Pathologisierungen resistent zu sein, nicht aufgrund von ‹Sprachlosigkeit› therapiert zu werden und sich gegenüber wirklichen Wahnkranken *abgrenzen* zu können. Solange jemand das Krankheitsbild der Paranoia nicht erkennt, besteht die Gefahr, daß er in das Wahnsystem eines anderen hineingezogen wird. Die Geschichte der Menschheit ist voll von Beispielen, in denen Menschen Opfer von paranoiden Führern geworden sind – man denke nur an Nero, an Adolf Hitler oder an Charles Manson.

RANDGRUPPENPARANOIA

Wenn es einem nach Anerkennung Süchtigen innerhalb der kollektiven Paranoia nicht gelingt, eine Macht- oder Führungsposition zu erlangen, muß er auf ein anderes Feld ausweichen. Dies kann durch Gründung von Sekten und Gemeinschaften geschehen, in denen der Betreffende dann eine Hauptrolle übernehmen kann. Seinen Führungsanspruch begründet der Machthungrige meist mit überirdischen Eingebungen, göttlichen Aufträgen oder mit Erleuchtungen. Mitglieder einer solchen Randgruppe werden meist infantile Personen, die sich von den Lehren des Meisters angezogen fühlen, weil sie einen Ausgleich zu ihren seelischen Defiziten darstellen. Sie vertrauen lieber einem geistig kranken ‹Vater› als ihrer eigenen Natur. Lieber jubeln sie einem behandlungsbedürftigen Führer zu, als daß sie den Weg der Eigenverantwortung gehen.

Robert B. Cialdini schreibt in seinem Buch *Einfluß:* «Die Vergangenheit ist übersät mit Tausenden von religiösen Bewegungen. Verschiedene Sekten und Kulte haben prophezeit, daß jeweils an einem bestimmten Datum eine Zeit der Erlösung und großer Glückseligkeit für diejenigen anbrechen werde, die an die Lehren der Gruppe glauben. In allen Fällen wurde vorausgesagt, daß der Beginn dieser Zeit der Errettung gekennzeichnet sei durch ein bedeutendes, unleugbares Ereignis, im allgemeinen das verheerende Ende der Welt. Natürlich haben sich all diese Voraussagen als falsch erwiesen. Zum großen Mißbehagen der Mitglieder dieser Gruppen ist das Ende nie wie vorausgeplant eingetreten. Aber unmittelbar nach dem offenkundigen Fehlschlag der Prophezeiung verzeichnet die Geschichte ein rätselhaftes Geschehen. Anstatt enttäuscht auseinanderzugehen, fühlen sich die Sektenanhänger oft noch bestärkt in ihrer Überzeugung.» Hier kommt Punkt 2 zum Tragen: Unbeeinflußbarkeit durch Erfahrung oder durch zwingende Schlüsse. Das Wahnsystem wird meist durch Fehlschläge beziehungsweise durch den Widerspruch zur Realität sogar zementiert oder in der Folge differenziert und ausgebaut.

Mit dem Wahnkranken ist ein Gespräch auf einer gleichberechtigten Ebene, das eine gegenseitige Befruchtung zulassen würde, nicht möglich: Es wird kein Ergebnis erzielt. Man dreht sich im Kreis. In der Terminologie der Transaktionsanalyse würde man sagen, es ist kein Erwachsenen-Ich ausgebildet worden beziehungsweise das Erwachsenen-Ich ist vorübergehend – solange der Wahn anhält – ausgeschaltet. Es ist für einen Außenstehenden unmöglich, die Mauer des Wahns zu durchbrechen. Nach anfänglichen Versuchen machen sich häufig bei den Mitmenschen tiefe Mutlosigkeit und Aussichtslosigkeit breit. Andere wiederum reagieren auf den Wahnkranken aggressiv, was ebenfalls nicht zu einer Lösung der Problematik beiträgt.

Sofern es sich um ein Wahnsystem handelt, in dem der Kranke ‹oben› ist, in dem er mehr, edler, besser, größer, mächtiger, einflußreicher ist als seine Mitmenschen, ist ein entscheidendes Merkmal die *Inhaltslosigkeit*. Der Kranke fühlt sich auserwählt (von höheren Mächten usw.) und ist der Ansicht, klarer durchzublicken, geistig reifer, allen anderen überlegen zu sein. Manche Menschen, die nur wenig Eigenwert besitzen oder gutgläubig sind, lassen sich davon täuschen. Sie erkennen die Diskrepanz zwischen Schein und Wirklichkeit nicht.

Hier liegt auch der Unterschied zwischen Genie und Wahnsinn. Das Genie verfügt auf irgendeinem Lebensgebiet über besondere Talente, es hat tatsächlich das Rüstzeug zu Karriere und Ruhm, verfügt über schöpferische und analytische Fähigkeiten, es hat tatsächlich etwas entdeckt oder erfunden. Der an Paranoia Erkrankte hingegen hat weder die Fähigkeiten noch die Entwicklungsprozesse durchlaufen, um seinen Drang nach oben, nach Ruhm und Ehre verwirklichen zu können. Er tut nur so, als ob er schon jetzt alles erreicht hätte, als ob man ihn jetzt schon bewundern müsse. Seine Vorstellungen sind nicht nachprüfbar, nachvollziehbar oder von anderen nicht erfahrbar – was etwa bei fast allen ‹Erscheinungen› und ‹Erleuchtungen› der Fall ist. Das Wahnsystem basiert auf Projektionen. Der Kranke nimmt einfach etwas an, stellt Hypothesen auf, ohne sich über deren Richtigkeit zu informieren, ohne sich zu vergewissern, ob die Annahmen auch stimmen. Häufig wird anderen etwas unterstellt, was aus eigenen verdrängten Motiven und Triebansprüchen entspringt. Wie gefährlich diese Wahnproblematik sich in Partnerbeziehungen äußern kann, soll im folgenden behandelt werden.

DIE PATHOLOGISCHE FORM VON LIEBE

Die Geschichte von Sylvia machte deutlich, daß an den guten Beziehungen, in denen viele Witwen und Witwer angeblich gelebt haben, bevor ihr Partner frühzeitig starb, meist irgend etwas nicht stimmte. Aus der Sicht des hinterbliebenen Partners mag die Beziehung gut gewesen sein, bei objektiver Betrachtung und vor allem unter psychoanalytischer Beleuchtung hatte die Beziehung jedoch oft pathologischen Charakter. Nicht nur deshalb, weil Witwen und Witwer die Tendenz haben, den Verstorbenen selbst und die Beziehung zu ihm zu erhöhen, sondern auch, weil sie oft gravierende Konflikte nicht gesehen haben wollen. Der Überlebende wollte vielleicht den Maßstab und die Norm von Harmonie und Glück aufrechterhalten, wollte um jeden Preis eine gute Beziehung haben. Oft wurden die seelischen Qualen und das Leid des anderen nicht wahrgenommen, weil man selbst zu sehr in der eigenen Welt gefangen war und sich daher in eine andere psychische Wirklichkeit nicht einfühlen konnte. Man konnte nicht erkennen, was man beim anderen selbst erwirkt hat.

Es ist sogar möglich, daß der verstorbene Partner seinerseits zu seinen Lebzeiten geglaubt hat, sich in einer glücklichen Beziehung zu befinden. Doch dieses Glück hatte seinen Preis: den eigenen Tod. Er konnte in einem solchen Fall das Glück psychisch nicht verkraften, weil es sich um kein seelisch-ästhetisches, reales Glück handelte, sondern um ein ‹süßes Gift›, das Eigenleben auslöscht. Für dieses Glück mußte zuviel eigenes Potential verdrängt werden, und die eigene Individualität durfte nicht mehr voll ausgelebt werden. Das Individuum mußte seelisch und in Folge des *Gesetzes der Affinität* und der psychosomatischen Gesetzmäßigkeiten dann auch körperlich sterben. Tag und Nacht hat man nur an den geliebten Partner gedacht und dabei sich selbst vergessen.

Dies ist ein häufiges Phänomen in der Liebe. Es kann sehr gefährlich werden, diesen Zustand über längere Zeit aufrechtzuerhalten. Besonders dann, wenn die Liebe wahnhaften Charakter annimmt, weil zu viele Energien beziehungsweise Persönlichkeitsanteile auf den Partner projiziert wurden und daher alles Glück nur noch vom Wohlwollen des Partners und der Harmonie der Beziehung abhängt, sind Fixierung und Wahn Erfüllungsgehilfen des Todes. Auf besonders gefährliches Terrain begibt sich derjenige, der den Partner ‹irrsinnig liebt› und sich daher zur Entscheidung gezwungen sieht, den bisherigen Partner und die Kinder zu verlassen, auf sein Haus zu verzichten oder sich beruflich zu verschlechtern, obgleich all diese Werte nach wie vor erhebliche emotionale Bedeutung für ihn haben. Bei vielen Menschen war vor ihrem Tod ein derartiger Entscheidungsdruck da, so daß das Unbewußte keinen anderen Ausweg mehr sah, als auf Selbstvernichtung zu schalten. Da der Betreffende keine Entscheidung treffen konnte, traf das Unbewußte die Entscheidung für ihn.

Jede bewußte Entscheidung hätte die Interessen anderer verletzt, entweder die der Ehefrau oder die der Geliebten, und wäre mit Schuldgefühlen verbunden gewesen. Der Tod war der Ausdruck der Unentschiedenheit. Er zeigt an, daß es nicht möglich war aufgrund der anachronistischen Maßstäbe und Normen und der Entweder-Oder-Ideologie des Patriarchats, einen Mittelweg zu gehen, der im Grunde real gewesen wäre, aber von der Umgebung als unorthodox, egoistisch, gemein oder inkonsequent (siehe Kapitel: Das Konsequenzprinzip) apostrophiert worden wäre. Tragisch ist, daß viele Hinterbliebene – vorher oft schon nicht wirklich partner- und bindungsfähig – nach dem Tod des geliebten Menschen meist eine Verstärkung ihrer Problematik erfahren. Da sie im guten Glauben sind, die Beziehung zu dem Toten wäre wirklich so schön und großartig gewesen, und nicht erkennen können, welch psychisches Leid der andere ertragen mußte, das er mit Leidenschaft kompensierte, wird diese Beziehung auf ein Podest gehoben und glorifiziert. Kein neuer Partner hat je wirklich gegen den Verstorbenen eine Chance. Niemals kommt mehr eine ähnlich gute Beziehung zustande. Immer steht zwischen den beiden der Tote. Er sitzt im Wohnzimmer mit dabei, ist beim Essen und Fernsehen mit anwesend, sogar im Bett ist man zu dritt. Niemals hat eine neue Beziehung wirklich Intensität, weil das Herz des Hinterbliebenen immer noch für den Toten schlägt, weil der Zurückgebliebene sich nie befreit hat. Und frei wird er nur werden, wenn er die Mechanismen und Gesetzmäßigkeiten, die zum Tode des Partners geführt haben, erkennt und nicht mehr seine Mit-Verantwortung abwehrt. Frei wird er erst, wenn er das Ökosystem der Psyche verstehen gelernt hat und weiß, daß die damalige Leidenschaft nur der Gegenpol zum Leid war, der in der Seele des Verstorbenen bereits anwesend war. Das psychische Leid und Elend waren der Nährboden der Leidenschaft und imstande, dieser Liebe die Intensität zu geben, die dann als unwiederbringliche ‹irrsinnige Liebe› und Leidenschaft gesehen worden ist. Das, was verehrt und heilig gehalten wird, war in Wirklichkeit auf Elend und Schmerz gebaut, ein Kartenhaus, eine psychische Erkrankung, die letztlich zum Tode führte.

Die Krankhaftigkeit dieser Liebe muß entlarvt werden, sonst ist jeder neue Partner ein seelisch Ausgestoßener, sonst ist nie mehr echter seelischer Austausch und echte seelische Liebe möglich. Die frühere Liebe wäre in einer anderen Konstellation wahrscheinlich nicht möglich oder ohne das Leiden als Nährboden weniger intensiv gewesen. Sie wäre vielleicht ganz erstorben, wenn der graue Alltag eingekehrt, einer der beiden Partner andere Wege gegangen und von der Hemmung zur Kompensation geschritten wäre.

So aber kann derjenige, der nicht bindungsfähig ist, weil er selbst keine seelische Eigenart ausgebildet hat und deshalb dem anderen seine seelische Eigenart auch nicht zugestehen kann, seine irreale Liebe zum Verstorbenen als real erklären und steht dabei in der patriarchalen Gesellschaft noch edel da, weil an den Toten zu gedenken und ihn zu ehren als anständig und herzensgut gilt. Dabei fällt gar nicht auf, daß der Hinterbliebene oft zu einer realen Liebe nicht fähig ist und unbewußt den Tod des ehemaligen Partners als Grund nimmt, um sich nicht wirklich auf den neuen einlassen zu müssen. Er kann seine Freiheit und Unabhängigkeit behalten, wenn er durch seine nicht bewältigte Bindung an den Verstorbenen nur unpassende Partner anzieht, nur um sich selbst zu bestätigen, daß eine solch schöne Beziehung wie damals nicht wiederholbar ist.

Man kann potentielle Partner auch unbewußt abwehren, indem man Bilder von den Verstorbenen in der Wohnung hängen hat oder nach wie vor den Armreif oder die Halskette trägt, die man von ihm geschenkt bekam und in der womöglich noch der Name des Toten eingraviert ist. Die frühere Beziehung wird so schnell zu einem Fluch, den der Hinterbliebene durch die mangelnde Hinterfragung sowie durch sein Fühlen, Denken und Verhalten immer wieder aufs neue stärkt. Die Transplantation der Vergangenheit in das Jetzt ist wie ein Krebsgeschwür für eine neue Beziehung. Wer die Vergangenheit so überhöht, tut weder sich noch dem Toten oder dem neuen Partner etwas Gutes. Die Gegenwart kann nicht gelebt und die Zukunft nicht aufgebaut werden.

Eine Analyse der früheren Beziehung hat auf keinen Fall Sinn, wenn damit eine Schuldzuweisung verbunden ist. Es geht vielmehr darum, daß sowohl der Mensch, der seinen früheren Partner durch Tod verloren hat, als auch derjenige, der als potentieller neuer Partner in Frage kommt, mehr Lebensqualität erfahren.

Die Liebe, die viele Hinterbliebenen nach wie vor den Toten entgegenbringen, fehlt den lebenden Mitmenschen. Es ist also wichtig, daß solche Energien freigesetzt werden, um in der körperlichen, seelischen und geistigen Ökologie positive Wechselwirkungen auszulösen.

TODESPROPHYLAXE

SELBSTERKENNTNIS

Die bisherigen Ausführungen haben gezeigt, daß es zweierlei Auslöser für den frühen Tod gibt: den Zusammenbruch des neurotischen Persönlichkeitssystems und den des ökologischen Systems der Ersten Natur. Meist zieht der Untergang des neurotischen Systems auch den Exitus der Ersten Natur nach sich, da kaum jemand weiß, daß außer dem Leben in der Kollektivneurose des Patriarchats noch ein anderes Leben möglich wäre, daß es noch eine andere Welt gibt, ja mehr noch, daß das Leben in dieser anderen Welt wertvoller, schöner und lebendiger ist. Solange die neurotische Welt als die einzige Welt gesehen wird, muß das neurotisch strukturierte Unbewußte auf Selbstvernichtung schalten, wenn das Persönlichkeitssystem nicht mehr aufrechterhalten werden kann. Der Mensch stirbt, obwohl seine biologische Uhr (Erste Natur) noch längst nicht abgelaufen ist. Würde er, statt mit seinen Energien das Lebendige zu unterdrücken, sein Lebens- und Glückspotential entfalten, könnte der Mensch wesentlich älter als bisher werden und wäre zudem selbst mit über hundert Jahren körperlich und geistiger fitter als heute ein etwa Siebzig- oder Achtzigjähriger.

Die große Schwierigkeit liegt jedoch darin, daß der einzelne, bevor er nicht weiß, wer er wirklich ist, was sein wahres Wesen ist, wie er psychisch strukturiert ist, welche Anlagen und Fähigkeiten in ihm schlummern und welche Aufgabe und welchen Sinn er auf dieser Welt hat, gar nicht die Möglichkeit hat, sich zu entfalten und somit dem Tod vorzubeugen. Solange der Mensch die Aufforderung ‹Erkenne Dich selbst› nicht erfüllt, kann er sein Unternehmen ‹Menschsein› nicht selbständig und eigenverantwortlich führen und sein Schicksal nicht selbst gestalten. Ohne Selbsterkenntnis kann er nicht planvoll innerhalb seines Persönlichkeitssystems vorgehen. Es ist ihm nicht möglich zu sagen: Wenn ich diesen ‹Zug› mache, werde ich jene Wirkung erzielen. Er bleibt weiter ein Blatt im Wind.

Da Selbsterkenntnis und Entfaltung des eigenen Selbst die beste Todesprophylaxe darstellen, müssen wir uns etwas näher damit auseinandersetzen. Dabei ist es leichter, Richtlinien, Beispiele und Möglichkeiten zur Selbstentfaltung anzuführen als zur Erkenntnis des eigenen Selbst. Meines Erachtens ist die beste Möglichkeit, sich selbst kennenzulernen, das Studium der Astrologie beziehungsweise des eigenen Horoskops. Das Horoskop zeigt die Strukturelemente des eigenen Persönlichkeitssystems symbolisch auf. Daher sind in ihm sowohl die seelischen Konflikte als auch die eigenen Chancen erkennbar. Da Astrologie jedoch allgemein mit Aberglauben und Wahrsagerei gleichgesetzt wird und eine Abwehr gegenüber dieser Erkenntnismethode besteht, haben bisher nur wenige Menschen von dieser Möglichkeit zur Selbsterkenntnis Gebrauch gemacht. Eine andere Möglichkeit, wie man ein bißchen mehr über sich selbst erfahren kann, liegt in den verschiedenen geistigen Bildern, die jeder Mensch ständig mit sich herumträgt: das Selbstbild, das Fremdbild, das Realbild, das Idealbild, das Gesundheitsbild sowie das Frauenbild und das Männerbild. Diese Bilder sind sowohl in der eigenen Persönlichkeit als auch beim Partner wirksam und beeinflussen sich gegenseitig.

EIGENE PERSON

1. Das Selbstbild – Wie ich mich selbst sehe

Das Selbstbild wird weitgehend bestimmt durch die Botschaften und Suggestionen, die wir als Kind von den Eltern, Erziehern und der Umwelt empfangen haben. Häufig führen sie zu negativen Selbsteinschätzungen, wie ‹Ich bin nicht wertvoll›, ‹Ich bin zu wenig intelligent›, ‹Ich bin zu langsam›, oder auch genauso unrealistisch positiven Vorstellungen, die einen glauben machen, der Größte, der Beste, der Intelligenteste, der Liebenswürdigste oder der Kreativste zu sein. Nur wenige Menschen haben ein realistisches Bild von sich selbst, die meisten unter- oder überschätzen sich. Ein falsches Selbstbild entsteht häufig auch dadurch, daß man auf einem oder auf mehreren Lebensgebieten im Laufe der Zeit von der Hemmung zur Kompensation gekommen ist, ohne sich dessen richtig gewahr zu werden. So manche fühlen sich noch als redegehemmt, obwohl andere im Gespräch kaum mehr zu Wort kommen, oder fühlen sich noch wie früher schwach und hilflos, obwohl die Umgebung bereits unter ihrer Dominanz zu leiden beginnt.

Wer Genaueres über sein Selbstbild und das Fremdbild wissen will, kann die Testblätter im Anhang dieses Buches ausfüllen.

2. *Das Fremdbild – Wie andere mich sehen*

Wie andere mich sehen, hängt weitgehend davon ab, inwieweit ich meinen Inhalten äußere Form verleihen kann, wie ich auf andere wirke, welchen Eindruck ich vermittle, aber auch von der Wahrnehmungsfähigkeit, den Defiziten und den dazu komplementären Projektionen des anderen. Ist der Mitmensch extrem durchsetzungsschwach, wird er meine mangelnde Durchsetzungsfähigkeit unter Umständen schon als Stärke empfinden. Manchmal will er mich ganz einfach durchsetzungsstark sehen, weil er dies zum Ausgleich für sein Persönlichkeitssystem braucht. Oder er aktiviert durch sein Verhalten bestimmte Anlagen oder Energien in mir und empfindet mich dann als besonders aggressiv, zärtlich oder leidenschaftlich, was ein anderer wiederum nicht so empfinden würde, weil er andere Persönlichkeitsanteile in mir anspricht.

Manche Menschen haben sich aufgrund ihrer seelischen Problematik so weit von der Wirklichkeit entfernt, daß sie nur noch in ihrem eigenen ‹Heimkino› sitzen und für den Film ihres Lebens Rollen vergeben. So kann es einem braven und schüchternen Jungen passieren, daß er in einem solchen Film einen Bösewicht spielen muß, ganz einfach deshalb, weil die Rolle bisher noch unbesetzt blieb. Der Mitmensch wird also in solchen Fällen so gesehen, wie man ihn sehen möchte und nicht wie er wirklich ist. Doch selbst, wenn viele andere Menschen oder gar die ganze Umgebung jemanden als egoistisch, überheblich oder spleenig bezeichnen, muß dies zwangsläufig noch nicht der Wirklichkeit entsprechen.

Man muß sich vor Augen führen, daß die Welt derer, die dieses Urteil fällen, nicht die Welt schlechthin ist. Da die Welt sich in vielen verschiedenen Anschauungen spiegelt, kann derjenige, der hier und jetzt einer bestimmten Schicht oder Gruppe als Fremdkörper erscheint, in einer anderen Umgebung oder in einer anderen Zeitepoche geachtet und akzeptiert sein.

Trotz all dieser Unsicherheiten, die berücksichtigt werden müssen, ist es dennoch wichtig zu erfahren, wie die Umwelt einen einschätzt, um Verbesserungen im eigenen Persönlichkeitssystem vorzunehmen, mehr Motivation zu erhalten, Inhalt und Form in Einklang zu bringen und die Projektionsfläche zu sein, die man auch wirklich verkörpern will.

3. Das Realbild – Wie ich wirklich bin

Wenn Selbstbild und Fremdbild so häufig durch Defizite und Komplementärbilder verzerrt werden, taucht die Frage auf: Wie bin ich denn nun wirklich? Diese Wirklichkeit muß jedoch zwangsläufig immer relativ bleiben – sie hängt von der eigenen Entwicklungs- und Bewußtseinsstufe, der Umwelt und der Zeitepoche ab. Das Realbild ist der augenblickliche Zustand, in dem ich mich befinde, entspricht also dem, wie mein Wesen, mein Fühlen, Denken und Verhalten im Moment wirklich sind. Das Realbild setzt sich aus meinen ‹positiven› und ‹negativen› Eigenschaften zusammen, Gesundes existiert neben Krankem, Reales neben Irrealem ... Es unterscheidet sich daher vom Selbstbild (= die eigenen subjektive Sichtweise) und vom

Fremdbild (= subjektive Sichtweise des anderen) sowie vom Idealbild (= subjektives Komplementärbild) und vom Gesundheitsbild (= natürliche Möglichkeit). Es ist der Ausdruck dessen, wozu ich derzeit fähig bin, was ich zu leben imstande bin.

4. Das Idealbild – Wie ich sein möchte

Das Idealbild oder Ichideal ist das Komplementärbild zu den eigenen Defiziten und Hemmungen. So tauchte bei einer Klientin, die sich in einer Ausbildung zur Heilpraktikerin befand und ein Defizit an Eigenwert hatte, vor dem geistigen Auge das Idealbild auf, daß die Menschen in Strömen zu ihrer Naturheilpraxis pilgern. Eine andere Frau, die sich selbst zu wenig begehrenswert fand, hatte das Idealbild, daß die Männer ihr zu Füßen liegen und nur von dem einen Wunsch beseelt sind, ein Rendezvous mit ihr abmachen zu dürfen.

Das Idealbild ist immer überzogen. Es ist unrealistisch, weil es nur den Gegenpol zur eigenen Hemmung darstellt. Ganz abgesehen davon, daß im ersten Fall die vielen Patienten für die Heilpraktikerin bald eine Überforderung bedeuten und im zweiten Fall die vielen Männer der Frau bald lästig werden würden.

Viele identifizieren sich auch mit den Idealbildern, die in der patriarchalen Gesellschaft vorherrschen. Sie wollen eine ideale Ehe führen und das Ideal von ewiger Harmonie, Liebe und Glück erfüllen. Manche Menschen tun so, als ob sie ihr Idealbild leben könnten. Sie geben sich immer tolerant, liebenswürdig, ausgeglichen, hilfreich und gut. Ihr Idealbild wird zu ihrem Selbstbild. Es handelt sich dabei vorwiegend um Elternrollenspieler, die sich in dieser patriarchalen Kultur so lange ‹wohl fühlen›, bis das *Gesetz der Wiederkehr des Verdrängten* wirksam wird. In solchen Fällen bricht dann ihr Ideal-Ich wie ein Kartenhaus zusammen, und es bleibt ihnen nichts anderes übrig, als nach ihrem Gesundheitsbild zu suchen.

5. Das Gesundheitsbild – Wie ich sein könnte

Das Gesundheitsbild unterscheidet sich grundlegend vom Idealbild. War das Idealbild eine Entsprechung zu den eigenen

Hemmungen, so gibt das Gesundheitsbild wieder, was ich werden könnte, wenn ich mich nicht von Moral und Konvention, von den Normen und Idealen hemmen ließe, wenn ich die in mir von Natur aus angelegten Fähigkeiten entfalten würde. Wer seine Anlagen auf der erwachsenen Ebene auslebt, realisiert sein Gesundheitsbild. Hierzu ist allerdings erforderlich, die Symbolsprache des Schicksals dechiffrieren zu können, also auch zu wissen, wie die erlöste Form einer Anlage aussehen kann und welchen Weg man einschlagen muß, um sie zu verwirklichen.

6. *Das Frauenbild und das Männerbild*

Die Vorstellung, die der einzelne vom eigenen und vom anderen Geschlecht in seinem Geiste trägt, ist ein weiterer Faktor, der sowohl die Partnerwahl auch auch die Beziehung zum Mitmenschen entscheidend beeinflußt. Hier ist es zum Beispiel wichtig zu klären, ob die Mutter einer Tochter ihr eigenes Geschlecht bejaht, ob sie Vorbild sein konnte, welches Männerbild sie vermittelt hat. Aussprüche wie ‹Männer sind Schufte›, ‹Nimm Dich vor Männern in acht› oder ‹Die Männer wollen alle nur das eine› wirken ungünstig auf den Prozeß der Formung eines realistischen Männerbildes.

Ein irreales Bild entsteht häufig auch durch mangelnden Kontakt mit dem anderen Geschlecht in der Kindheit und Jugendzeit, etwa durch Isolation der Kleinfamilie oder dadurch, daß keine gegengeschlechtlichen Geschwister vorhanden waren, und auch durch Trennung in Buben- und Mädchenklassen in den Schulen. Ein Junge, der als Einzelkind aufgewachsen ist und in einer Bubenklasse zur Schule ging, hat daher häufig die Tendenz, das weibliche Geschlecht entweder zu entwerten oder so auf ein Podest zu heben, daß Frauen entmenschlicht und zu ‹Fabelwesen› oder gar ‹Göttinnen› werden. Möglicherweise kann er zum anderen Geschlecht lange Zeit kein natürliches Verhältnis entwickeln, weil er sich als Kind darin nicht üben konnte.

Einfluß auf die Entstehung von bestimmten Männer- und Frauenbildern haben auch der Zeitgeist, die Kultur und das Milieu, in dem man groß geworden ist. So haben manche Frauen, die nicht mehr so leben wollten wie ihre Mütter, sich der feministischen Bewegung angeschlossen und deren Ideologie weitgehend übernommen. Diese Ideologie ist aber nur eine Reaktion (beziehungsweise nur der Gegenpol) auf die patriarchale Frauenrolle ihrer Mütter und daher noch weit entfernt von einem realistischen Frauen- und Männerbild. In dieser Ideologie kommt vorwiegend zum Ausdruck, was man als Frau *nicht* mehr sein will und was man *nicht* mehr geben will, aber nicht so sehr, was man neu anzubieten hat. Die feministisch orientierte Frau will beispielsweise nicht mehr den Haushalt führen, nicht mehr kochen, waschen und putzen und will nicht mehr Sexualobjekt für Männer sein. Da die meisten Männer jedoch bei den Frauen gerade das warme Essen, die schöne Wohnung, das behagliche Zuhause und prickelnde Erotik, also insbesondere nach den ‹weiblichen› Anlagen suchen, hat die Feministin kaum Chancen beim anderen Geschlecht, von einigen Softies einmal abgesehen.

Ist die patriarchale Rollenverteilung dadurch gekennzeichnet, daß Mann und Frau ihre Anlagen tauschen, indem weibliche Anlagen gegeben und männliche empfangen werden und umgekehrt, so findet als Folge extremer feministischer Ideologie weder ein solcher Tausch noch ein Austausch von Energien statt, wie dies beim Erwachsenen der Fall ist.

Wenn die Feministin eine extreme Position einnimmt, will sie in ihrem Sosein, das heißt, vor allem in ihren Defiziten in bezug auf Weiblichkeit angenommen werden und hat ihren Defiziten entsprechende Komplementärbilder, die ihr irreales Männerbild formen. Sie sucht einen Mann, der im Haushalt genau die Hälfte macht, aber dennoch erfolgreich im Beruf ist, und einen, der etwas so ‹Primitives› wie erotische Reize nicht mehr nötig hat. Damit zielt sie an der Wirklichkeit vorbei. Sie gerät in einen Teufelskreis, aus dem sie kaum mehr entrinnen kann, weil sie durch das Schicksal in ihren Defiziten und in ihren Komplementärbildern (feministische Ideologie, Männerbild und Frauenbild) jeweils bestätigt und verstärkt wird. Eine solche Frau kann – solange sie streng dieser Ideologie anhängt – keine liebevolle, erfüllende und glückliche Beziehung haben: Sie glaubt, das Glück in der Partnerschaft sei ihr deshalb nicht hold*, weil die Männer ihre Männlichkeit falsch leben und zudem ein falsches Frauenbild in ihrem Innern beherbergen würden. Obwohl letzteres durchaus zutrifft, ändert es nichts an der Tatsache, daß auch diese Frauen selbst ein falsches Bild von sich haben, weil sie ihre eigene Weiblichkeit noch nicht gefunden haben. Ihre Weigerungshaltung ist zwar ein notwendiger Entwicklungsprozeß, hat aber mit echter Weiblichkeit noch wenig zu tun. Es kommen also zwei irreale Frauenbilder und zwei irreale Männerbilder zusammen. Daß daraus keine befriedigende Beziehung entstehen kann, liegt auf der Hand.

PERSON DES PARTNERS

Außer dem, was wir vorher bei den sechs verschiedenen Bildern der eigenen Person festgestellt haben, gilt für die Vorstellung des Partners noch folgendes:

1. Das Selbstbild des Partners – Wie mein Partner sich selbst sieht

Das Selbstbild des Partners wirkt sich maßgebend auf seine Ausstrahlung aus. Seine Ausstrahlung wiederum beeinflußt mein Fühlen, Denken, Verhalten und nicht zuletzt mein Bild von ihm.

2. Mein Bild vom Partner – Wie ich meinen Partner sehe

Ich sehe meinen Partner abhängig von meinem individuellen Wahrnehmungsvermögen. Wenn ich in der Beziehung zu ihm mehr die Elternrolle einnehme, ist das Verhalten meines Part-

* Es scheint alles wie verhext zu sein: Vorher in der traditionellen Frauenrolle war sie nicht glücklich, und jetzt, wo sie entscheidende Schritte nach vorne getan hat, erhält sie vom Schicksal wieder ein negatives Echo. Wenn sie jedoch nicht in dieser (überaus wichtigen) Reaktionsform steckenbleibt und statt dessen weiterschreitet, kann sie schließlich ihre neue Weiblichkeit finden.

ners häufig nur eine Reaktion darauf. Spiele ich hingegen mehr die Kindrolle, dann bin ich es selbst, der auf das Muster des Partners nur reagiert. In beiden Fällen wird jedoch kein realistisches Bild wahrgenommen.

3. Das Realbild des Partners – Wie mein Partner wirklich ist

Wie mein Partner wirklich ist, wird häufig erst klar, wenn mein Bild von ihm durch bestimmte Ereignisse zerstört wird und wenn gleichzeitig die Aussichtslosigkeit ins Bewußtsein tritt, ihn doch noch zum Idealbild hin erziehen zu können.

4. Das Idealbild vom Partner – Wie mein Partner sein möchte; wie ich meinen Partner haben möchte; mein Idealpartner

Das Idealbild, das der Partner von sich selbst entwirft, beeinflußt mich ebenso wie sein Selbstbild. Wenn sein Idealbild von sich selbst mit meinem Idealbild von ihm übereinstimmt, ist eine Beeinflussung des Partners leicht möglich. Gibt es jedoch einen Unterschied zwischen den beiden Bildern, wird es ungemein schwieriger.

Das Bild des Idealpartners setzt sich aus den Komplementärbildern zu den Defiziten im eigenen Persönlichkeitssystem zusammen, aus der Prägung durch die Eltern sowie aus dem Bedürfnis, sich auf der Basis der Anlagen, die man im Laufe der Zeit entwickelt hat, auszutauschen. Auf die Frage, wie er sich seine Idealpartnerin vorstellen würde, zeichnete ein Klient folgendes Bild: «Sie soll groß und schlank sein, toll aussehen, also repräsentativ sein, soll ein nettes Wesen haben, skifahren, gut kochen können, sich einer vornehmen Sprache befleißigen, Nichtraucherin, gebildet, den Kindern eine gute Mutter sein und im Bett multiple Orgasmen haben.» Es ist logisch, daß es eine Frau mit all diesen Eigenschaften, die gleichzeitig vorhanden sein sollen, in der Realität kaum gibt – und selbst wenn es sie gäbe, hat sie womöglich ein Bild von ihrem Mann, in das er nicht hineinpaßt!

Der Partner wird, wenn man nur sein eigenes Idealbild vor Augen hat, gar nicht in seiner persönlichen Eigenart wahrgenommen. Statt dessen dient er nur als Ausgleich für die eigenen

Defizite, und man benutzt ihn als Objekt zur Erfüllung der eigenen Wünsche.

5. *Das Gesundheitsbild vom Partner – Wie mein Partner sein könnte; wie mein zukünftiger Partner sein könnte, wenn ich gesund wäre*

Würde mein Partner seine Neurose ablegen und seine wirklichen Möglichkeiten ausschöpfen, seine Anlagen entfalten und seiner Natur gemäß zu leben beginnen, würde sich wahrscheinlich die Beziehung zu ihm auflösen, weil die neurotische, komplementäre Verflochtenheit bisher die Basis unserer Beziehung war (Herrscher-Dienerin, Helfer-Hilflose usw.).

Die Beziehung hat wahrscheinlich Bestand, wenn auch ich mein neurotisches Kleid abstreife und mich neu orientiere. Aber dies ist nicht immer der Fall. Es besteht oft ein Unterschied zwischen dem verwirklichten Gesundheitsbild des Partners – seine verwirklichte Eigenart und seine Interessen – und dem Gesundheitsbild vom Partner, das meiner eigenen verwirklichten Struktur entsprechen würde. Das heißt, wenn ich mehr und mehr meine Eigenart beziehungsweise eigene Programme entwickle, passen womöglich die neuen Programme des Partners nicht mehr zu den meinen. Paßten die neurotischen Strukturen noch wie Schlüssel und Schloß zueinander, so tauchen jetzt, wo das wahre Wesen beider zum Vorschein kommt, Inkongruenzen auf. Zu diesem neuen Wesen gehört vielleicht ein anderer Partner, mit dem auf eine ganz spezifische andere Art ein Austausch auf der erwachsenen Ebene möglich ist.

Hier wird der Unterschied zum Idealbild besonders deutlich: Das Gesundheitsbild vom Partner beschreibt den Partner, den ich haben könnte, wenn ich mich gesund entwickeln würde, während das irreale Idealbild vom Partner auf meiner Neurose basiert, also auf meiner Abwehr von Entwicklung und Reifung.

In einer Partnerschaft stehen all diese Bilder immer miteinander in Korrespondenz – meine Bilder, die Bilder, die ich bewußt oder unbewußt vom Partner habe, die Bilder, die der Partner von sich selbst zeichnet, und die Bilder, die er von mir hat.

6. *Das Frauenbild und das Männerbild,*

das mein Partner in seinem Unbewußten verankert hat, beeinflussen maßgebend sein Verhalten. Hat er ein ungünstiges Bild, wird er jenes unbewußt immer wieder bestätigt haben wollen *(Gesetz der Bestätigung)*. Wie auch immer mein Verhalten aussehen mag, er wird es nach seinem inneren Bild interpretieren.

EINE ZUKUNFTSVISION

Wenn die patriarchale Phase der Menschheit einer Massenneurose gleichkommt und Neurose nach unserem Verständnis nichts anderes ist als verhindertes Leben, ja, mehr noch, nichts anderes ist als ein Leben, das seine Energien pervertiert hat, können wir erkennen, daß, wenn wir dies verändern, große Chancen für uns in der künftigen Entwicklung bestehen. Es muß uns klarwerden, daß der Jungbrunnen, von dem die Menschheit seit alters her träumt, nicht in irgendeiner Wunderarznei, in irgendeiner geheimnivollen Zeremonie oder Therapie zu finden ist, sondern daß dieser Jungbrunnen in uns liegt und von uns selbst ausgeschöpft werden muß. Der amerikanische Philosoph Prentice Mulford schreibt in seinem Buch *Der Unfug des Lebens und Sterbens:* «Wir glauben, daß die Unsterblichkeit im Fleische möglich ist, das heißt, daß ein Körper so lange behalten werden kann, wie der Geist ihn zu gebrauchen wünscht, und daß ferner dieser Körper statt im Laufe der Zeiten zu verfallen, sich in einer erneuten Jugend zu regenerieren vermag. Wir glauben, daß die Mythen der Kulturvölker, die von ‹Unsterblichen›, d. h. von Wesen handeln, die über höhere Kräfte als das Geschlecht der ‹Sterblichen› gebieten, auf irgendeinem wahren Kern beruhen. Diese neuen Möglichkeiten einer Unsterblichkeit im Fleische fließen aus dem Gesetz, daß jedem inbrünstigen, unverrückbaren und dauernden Wunsch der Menschheit irgendwann Erfüllung werden muß.

Der Schrei nach Leben schwillt aus der Dumpfheit an, in dem Maße, wie die Massen die hohen und feinen Freuden und Erkenntniswerte des Daseins kennenlernen, in dem Maße, wie die Menschen für die Vielfalt ihrer Ziele das Leben als viel zu kurz empfinden.»

An anderer Stelle meint Mulford: «Mit Hohn die Vorstellung von sich zu weisen, daß der Leib durch immer erneute Umwandlungsprozesse dauernd erhalten werden kann, heißt eine Türe zum Leben zu verschließen und das Tor des Todes freiwillig weit aufzureißen. Wer an dem Irrwahne festhält, die Menschheit müsse – wie bisher, so auch in alle Ewigkeit – ihren Körper verlieren und ohne Macht bleiben, Krankheit und Verfall zu verhindern, der setzt seinen Glauben der Tatsache entgegen, daß auf dieser Erde alle Dinge ein Vorwärtsschreiten zu größerer Feinheit, höherer Macht, kühneren Möglichkeiten sind!

Ein verjüngter, verschönerter, ein blühender Leib bedeutet eine Seele, die glänzt von neuen Ideen, Hoffnungen, Plänen, Zielen und auffliegendem Verlangen. Das ewige Leben ist nicht der halbe Tod des reifen Alters.

Doch so sehr herrscht in dieser Rasse der Glaube an Schwachheit und Verfall vor, daß sie die Weisheit allegorisch nicht anders darzustellen weiß als in der Gestalt eines Greises, grau, kahl, auf einen Stab gestützt! Also eine Weisheit, die nicht einmal sich selbst vor dem Verfall zu bewahren versteht.»

Prentice Mulford spielt hier auf das Gesetz des *Denkens und Glaubens* an und meint, daß, solange wir etwas für Utopie halten, eine Idee oder ein Wunsch auch nicht in Erfüllung gehen kann. Indem man etwas für utopisch hält, werden alle nützlichen, konstruktiven Gedanken und potentiellen Informationen abgewehrt, wird all das automatisch nicht zugelassen, was den Weg zur Realisation dieser Utopie ebnen würde. Ja, man begibt sich nicht auf den Weg dorthin, man bemüht sich nicht, man bildet die dazu nötigen Anlagen und Fähigkeiten nicht aus. Statt dessen spielt man weiter mit seinen Mitmenschen die alten neurotischen Spielchen von Macht und Anerkennung, von Übertrumpfen und Austricksen, von Überlegenheit und Edeltum, von Krankheit und Hilflosigkeit, oder man fällt in alte Empfindungsmuster zurück. Auf diese Weise kann man dann weiterhin jammern und klagen, daß das Leben einem nicht die Erfüllung gebracht hat, die man sich so sehr gewünscht hätte. Was könnte man denn statt dessen tun? Wie könnte man denn seine Energien anders investieren, so einsetzen, daß man sich selbst beglückt und andere erfreut? Hier eine kleine Aufstellung:

Statt Ärger und Aggression – Aktivität, Pionierarbeit, Durchsetzung, Sport, Zulassen der eigenen Triebe

Statt Neid – Ausbildung der wirtschaftlichen Fähigkeiten

Statt Gefühl der Beengung – Ausbildung der eigenen Kommunikationsfähigkeit

Statt Depression – Ausbildung einer echten seelischen Eigenart, Ausbildung eines liebenswerten Wesens

Statt Haß – Fähigkeit, etwas zu realisieren, unternehmerische Fähigkeiten, kreative Sexualität

Statt Nörgelei – Ausbildung der eigenen Kritikfähigkeit, Selbstkritik, Ausbildung von analytischen Fähigkeiten

Statt Ekelgefühle – Ausbildung von eigenem Schönheits- und Ästhetikgefühl; Fähigkeit, Inhalt und Form in Einklang zu bringen; Fähigkeit, es sich schön zu machen

Statt Macht – Ausbildung der Fähigkeit, ein eigenes Konzept zu entwickeln, den eigenen Weg zu gehen

Statt Edeltum – Ausbildung von Toleranz

Statt Schuldgefühle – Entwicklung der Fähigkeit, sein eigener Richter zu sein

Statt Nervosität – Entwicklung der Fähigkeit, sich unabhängig zu machen und sich zu befreien

Statt Angst und Hilflosigkeit – Entwicklung von Phantasie, Entwicklung von Alternativen

Es ist einleuchtend, daß die ‹alten› Gefühle nicht dazu angetan sind, Gesundheit und Glück zu erzeugen, geschweige denn, den Jungbrunnen zu finden. Nur die Ausbildung von Fähigkeiten und ein konstruktiver Energieeinsatz erzeugen im eigenen körperlichen und seelischen Organismus und in der Umwelt positive Wirkungen. Was baut uns auf? Was wirkt heilend und beglükkend? Es sind dies: Freude, Sport und Spiel, Hobbys, Sicherheit, Kommunikation, Begegnung, Freundschaft, Freiheit, Zärtlichkeit, Geborgenheit, Kreativität, Schönheit und Ästhetik, Zeigen der Gefühle, Weiterbildung, Liebe, Wollust, Spaß, Phantasie, Erfolg, Genuß.

Für den Begriff ‹Psychosomatik› hört man meist die Interpretation, daß seelische Ursachen körperliche Erkrankungen erzeugen. Daß die Psychosomatik auch auf die Gesundheit bezogen werden kann, wird kaum je beachtet. Wenn wir oben einiges angeführt haben, was alles gesund macht, könnte man in diesem Sinne von einer *positiven* Psychosomatik sprechen. Positive Psychosomatik würde dann bedeuten, daß man zuerst analysiert, was das eigene Persönlichkeitssystem stabilisiert, welche Strategie man anwenden und welchen Weg man dazu gehen muß; denn, was nützt es, wenn man um die gesundheitsstabilisierende Funktion von Freude, Zärtlichkeit und Liebe weiß, aber all dies nicht in der Umwelt erwirkt. Was muß man also tun, wenn man etwas Bestimmtes dringend zu seiner Gesundung braucht, um genau das zu bekommen? Jemand, der ein Defizit an Freiheit und Unabhängigkeit verspürt, muß sich vielleicht fragen, wie es mit seiner Durchsetzungsfähigkeit oder mit seiner Abgrenzungsfähigkeit bestellt ist oder ob er seine eigenen Lebensrechte beansprucht und seine eigene Verantwortung übernommen hat. Er muß in seinem Persönlichkeitssystem unter Umständen ganz woanders ansetzen, um das zu erhalten, was sein Defizit auffüllt.

Ein Beispiel: Eine junge Ehefrau klagt darüber, daß ihr Ehemann ihr kaum Zärtlichkeit entgegenbringt. Wo muß sie in ihrem Ökosystem ansetzen?

Da jedes Persönlichkeitssystem anders strukturiert ist, jeder Fall also anders gelagert ist, können hier nur *Möglichkeiten* aufgezeigt werden: Sie könnte ihre Fähigkeit, sich schön zu machen, aktivieren. Sie könnte ihre erotischen Fähigkeiten entwickeln und so den Partner erfreuen. Um in der Partnerschaft mehr beachtet zu werden und mehr Authentizität zu erreichen, könnte die junge Frau ihre Kommunikationsfähigkeit verbessern. Durch die Verbesserung von solchen Anlagen kann sie beim Partner mehr Zärtlichkeit und seelische Liebe erwirken. Eine Energie, ein Persönlichkeitsanteil, eine Anlage oder eine Fähigkeit kann im Grunde auf dreifache Art und Weise aufgebaut und verstärkt werden:

Durch das Ausleben der betreffenden Anlage

Man lebt seine sportlichen Fähigkeiten aus, indem man ein körperliches Trainingsprogramm absolviert, oder man lebt seine Kreativität aus. Einsatz und Ausleben einer Anlage stärken diese, machen sie kräftiger und sicherer. So wie ein Muskel degeneriert, wenn er nicht gebraucht wird, ist es auch mit jeder Anlage, die nicht eingesetzt wird.

Durch den Austausch mit anderen

Indem der einzelne seine Anlage oder Fähigkeit einbringt, tauscht er sich mit dem Mitmenschen aus – etwa, wenn er Informationen austauscht, Zärtlichkeiten schenkt und empfängt, seine Ideen mit anderen bespricht. Jeder Austausch schenkt Freude und lädt die Anlage auf, ähnlich wie eine Batterie durch ein Stromgerät geladen wird. Durch den Austausch kommen die Energien in einen freien Fluß, was positive Konsequenzen auf den verschiedenen Lebensgebieten hervorruft.

Durch das Schaffen von Bezügen in der Außenwelt

Dies kann auf verschiedene Art und Weise geschehen: Jemand kann Balkonblumen pflanzen und sich jeden Tag über diese Blumen freuen, oder er kann seine Wohnung so einrichten, daß ihn immer, wenn er sich dort aufhält, Freude erfüllt; denn jeder Gegenstand hat eine Beziehung zu seinem inneren Wesen. Die Lampe, der Stuhl, die Couch, der Schrank, das Bild an der Wand, die Farben, alles ist eine Widerspiegelung seiner eigenen Identität in der Außenwelt. Es geht also darum, die eigene Umgebung so zu wählen und zu gestalten, daß man überall seine Heimat findet – im Partner, im Beruf, in der Wohngegend, in der Wohnungseinrichtung, im Tennisclub, im Speiserestaurant, bei Freunden. Jeder Persönlichkeitsanteil, jede Anlage eines Menschen braucht zu der Außenwelt einen Bezug. Dieser äußere Beziehungspunkt bestätigt und verstärkt die Anlage *(Gesetz der Bestätigung und Gesetz der positiven Verstärkung).* Ohne Bestätigung und Verstärkung bleibt die Anlage schwach oder gänzlich unentwickelt. Projektionen oder Beziehungspunkte sind die Widerspiegelung des Selbst. Sie zeigen dem einzelnen und seinen Mitmenschen an, wer er wirklich ist, auf welchem Entwicklungsstand er sich befindet, wo er wirklich steht. Wer seine Inhalte in eine entsprechende Form gebracht hat, ist ausgeglichen und zufrieden. Seine Anlagen sind in einem harmonischen Verhältnis und dadurch resistent gegenüber Krankheit und Tod.

Jeder kann sich nun fragen: Lebe ich meine Anlagen aus? Findet ein Energieaustausch statt? Habe ich die entsprechenden Bezugspunkte in der Außenwelt gefunden beziehungsweise geschaffen? Er kann überprüfen, auf welchem Lebensfeld er unzufrieden ist, wo seine Schwächen und wo seine Stärken liegen. Er kann sich überlegen, was ihm früher Spaß und Freude bereitet hat und was er dann unter Umständen aufgrund von Beruf und Familie vernachlässigte, oder sich fragen, ob er nicht schon lange etwas tun wollte, was er aber immer wieder aus verschiedenen Gründen hinausgeschoben hat. Es geht darum, aus den vorhandenen Mitteln und Möglichkeiten das Optimum herauszuholen, das heißt, sich ein realisierbares Ziel zu stecken, es sich schön zu machen, sich in regelmäßigen Abständen etwas zu gönnen, sich einmal selbst zu verwöhnen. Leider ist es oft gar nicht so einfach, die jeweilige Form für die eigenen Inhalte zu schaffen. Wer eine Diskrepanz zwischen Inhalt und Form beseitigen möchte, muß einige Voraussetzungen erfüllen:

Bewußtwerdung der Diskrepanz

Der einzelne muß sich zunächst bewußt werden, daß in seinem Leben Inhalt und Form nicht übereinstimmen. Dies merkt er insbesondere an dem Gefühl der Unzufriedenheit, das aus dieser Diskrepanz resultiert.

Wille zur Umsetzung

Der Betreffende muß den Willen dazu aufbringen, das, was ihm bewußt wurde, auch in die Tat umzusetzen. Wo ein Wille ist, ist auch ein Weg. Jetzt heißt es, mutig zu sein, Initiative zu ergreifen, etwas zu wagen, aktiv zu werden.

Vorstellungsvermögen

Um eine Form für seinen Inhalt zu schaffen, ist es notwendig, ein eigenes Vorstellungsvermögen zu entwickeln. Man braucht eine Vorstellung, ein Konzept, ein Vorbild, ein Muster, einen Plan, um den Weg zur Form auch beschreiten zu können. Man muß sowohl wissen, auf welche Art und Weise die Umsetzung in die Realität des Lebens möglich ist, als auch eine Vorstellung von dem entwickeln, wie man leben möchte. Wie lebe ich derzeit? Und wie möchte ich leben? Möchte ich als Single leben, in einer Zweierbeziehung, mit oder ohne Kinder, in einer Wohngemeinschaft? Möchte ich mit dem Partner zusammen ein gemeinsames Schlafzimmer oder getrennte Zimmer? Will ich ganz- oder nur halbtags arbeiten? Ist für mich die Arbeit in einem Team günstig, oder kann ich nur selbständig und unabhängig meine Arbeit verrichten? Wie sollen meine Kleidung, meine Wohnung, mein Garten aussehen? Ohne die Entwicklung einer eigenen Vorstellung kann sich nichts verwirklichen. Es kann kein Weg beschritten und kein Ziel erreicht werden. Ohne Vorstellung herrscht in der Seele ein kräfteraubendes Chaos. Analog sind auch die Schicksalsereignisse, die lediglich die innere Unordnung außen widerspiegeln.

Wissen

Ohne entsprechendes Wissen kann eine Vorstellung nicht realisiert werden. Man muß also Informationen einholen, muß geeignete Literatur lesen, muß mit anderen Menschen, die auf dem betreffenden Lebensfeld Erfahrung gesammelt haben, kommunizieren. Erst durch das entsprechende Wissen wird erkannt, was möglich und machbar ist. Erst dadurch kann abgeklärt werden, ob man von den eigenen Vorstellungen aufgrund der Gegebenheiten Abstriche machen, ob man Kompromisse schließen oder ob man gänzlich neue Konzepte entwerfen muß.

Fähigkeit zur Umsetzung

Wenn man die zum eigenen Persönlichkeitssystem passenden Formen und Symbole in der Außenwelt nicht vorfindet, heißt es, sich die Situationen und Rahmenbedingungen zu *schaffen,* in denen man sich wohlfühlen kann. Ohne Fähigkeit zur Umsetzung nützen die besten Konzepte und Vorstellungen nichts. Im Vorteil sind hierbei Personen, die praktisch und künstlerisch begabt sind und ihre technischen Fähigkeiten ausgebildet haben.

Fähigkeiten, anderen Menschen die eigene Vorstellung zu vermitteln

Da es kaum möglich ist, die Vorstellungen auf allen Lebensgebieten selbst zu verwirklichen, ist es unumgänglich, ‹Erfüllungsgehilfen› einzusetzen. Hierzu werden die entsprechenden Fachleute wie Maurer, Fliesenleger, Schreiner, Maler, Gärtner, Designer und Architekten benötigt. Nun ist die Fähigkeit gefragt, Personen, die mit dem Projekt (Projektion = das Nach-außen-Verlagern von seelischen und geistigen Inhalten) betraut werden, die eigene Vorstellung zu vermitteln. Ohne rhetorisches Geschick, Einfühlungsvermögen und Wissen besteht kaum eine Chance, dem Fachmann die eigenen inneren Bilder deutlich zu machen, geschweige denn, sie gegen dessen Vorstellung, gegen dessen Geschmack und Stil durchzusetzen.

Ein Beispiel: Peter, ein leitender Angestellter in einem norddeutschen Industrieunternehmen, wollte für sich und seine Familie ein Haus bauen. Er versuchte seine Bedürfnisse, seine Vorstellungen und seinen Geschmack vier verschiedenen Architekten zu vermitteln. Peter wünschte sich ein Haus in einem progressiven, großzügigen Stil mit viel Holz und Glas, ein Haus, ästhetisch und elegant, mit spritzigen Bau-Ideen und dennoch zweckmäßig und preisgünstig. Jeder Architekt faßte Peters Beschreibung auf seine ihm gemäße Art auf und vermischte sie mit seinem Stil. Der eine gab als Vorentwurf ein bayerisches ‹Jodlerhaus› ab, der andere ein Haus, das aufgrund des ‹gammeligen› Aussehens ästhetischen Gesichtspunkten zuwiderlief, der dritte wollte mit einem jugendstilartigen Haus glänzen, der vierte schließlich versuchte mit einem viereckigen Kasten im Normstil sein Glück. Jeder der Architekten war unfähig, sich auf die Bedürfnisse und Vorstellungen, auf den Geschmack von Peter und seiner Familie einzustellen. Da also keiner der Vorentwürfe geeignet und auch nicht zu erwarten war, daß bei längerer Zusammenarbeit bessere Ergebnisse möglich wären, lag der Schluß nahe, daß in diesem Fall die falschen Architekten angezogen wurden.

Die Anziehung der Architekten, Handwerker als der potentiellen Erfüllungsgehilfen der eigenen Vorstellungen erfolgt nach dem *Gesetz der Affinität.*

Peter mußte lernen, seine Vorstellungen zu präzisieren, wenn er endlich bessere Architekten wollte. Erst nach Fertigstellung eines Albums, in dem er all die seinem Geschmack entsprechenden Muster und Vorlagen aus Bau- und Wohnzeitschriften sowie Fotos von bereits bestehenden Häusern, die seiner Vorstellung entsprachen, gesammelt hatte, bewirkte er eine bessere Affinität. Der Architekt, den er damit fand, plante ihm sein ‹Traumhaus› und führte das Projekt zu Peters vollster Zufriedenheit aus.

Finanzielle Mittel

Viele Menschen glauben, daß mit den entsprechenden finanziellen Mitteln fast alles machbar wäre. Wie bereits aus den vorhergehenden Punkten ersichtlich, ist dies jedoch ein Trugschluß. Es gibt Menschen, die es verstehen, sich mit wenig Geld hübsch zu kleiden und gemütlich einzurichten. Andere wiederum können trotz dickem Finanzpolster Inhalt und Form nicht in Einklang bringen. Was nützen die teuersten und edelsten Kleider, wenn sie nicht zum jeweiligen Typ passen, was nützen aller Luxus und Pomp in der Wohnung, wenn dadurch Wärme und Geborgenheit verlorengehen?

Für viele ist es leichter zu sagen, sie würden gerne die Formen schaffen, die ihrer Identität gemäß sind, wenn sie das nötige Geld hätten, als tatsächlich damit zu beginnen, das eigene Wesen in der Außenwelt auszudrücken. Damit hat man gleich zwei Fliegen mit einer Klappe geschlagen: Zum einen hat man ein Alibi gefunden, um nicht tätig werden zu müssen. Zum anderen werden dadurch die Defizite, Schwächen und eigenen Unfähigkeiten nicht sichtbar. Auf diese Weise kann man den eigenen Mangel an Initiative und den fehlenden ‹Biß›, das Defizit in bezug auf Vorstellungsvermögen, fehlendes Fachwissen und mangelnde Erfahrung vor anderen und sich selbst verbergen. Nun kann man sich weiter in der Illusion wiegen, man hätte das schönste Umfeld, man könnte sich die besten Rahmenbedingungen schaffen, wenn man nur über mehr Einkommen verfügen würde.

Ein anderer Fehler in bezug auf Finanzen ist ebenso weit verbreitet: Man hat zwar eine gewisse finanzielle Potenz, wagt aber dennoch nicht, die passende Form für seinen Inhalt zu schaffen, weil man entweder zu wenig Eigenwert hat – nach dem Motto: für mich tut es das schon! – oder weil man zu sparsam ist und sich daher für das weniger Entsprechende und meist Billigere entscheidet. Um zu sparen, umgeht man häufig den Rat von Fachleuten, etwa die Beratung des Gartenarchitekten bei der Gestaltung des eigenen Gartens, und entsprechend dilettantisch, sofern nicht Talent vorhanden ist, sieht das Resultat dann aus.

Neben dem Sparen am falschen Platz setzt man auch oft falsche Prioritäten. Indem jemand etwa eine Luxuslimousine sein eigen nennt, aber das Geld nicht mehr für all die anderen Dinge reicht, die für den Ausdruck der eigenen Persönlichkeit sehr viel mehr Gewicht haben. Hätte der Betreffende sich auf anderen Lebensgebieten mehr die passende Form zugestanden, hätte er sich diese Luxuslimousine wahrscheinlich nicht gekauft. Nicht etwa aus Geldmangel, sondern weil er es dann nicht mehr nötig gehabt hätte, mit dem schönen Auto andere Defizite zu kompensieren.

Insofern ist es auch wichtig, im eigenen Persönlichkeitssystem danach zu forschen, ob es sich wirklich um die Projektion eines echten Inhaltes nach außen handelt oder ob durch eine äußere Form lediglich mangelnde innere Substanz, ungünstige Wechselwirkungen aus anderen Lebensgebieten und Eigenwertprobleme ausgeglichen werden. Als Grundregel gilt, daß Kompensationen immer sehr viel teurer sind als Formen für reale Inhalte und daß meist sogar dafür Kredit aufgenommen werden muß. Es ist sehr viel billiger, eigene seelische Konflikte aufzudecken, als sie ständig durch den Kauf von Gütern zu übertünchen. Die Schulden auf der Bank entsprechen den Defiziten im Persönlichkeitssystem. Man ist eigentlich noch nicht so weit, sondern nimmt die Zukunft vorweg und überzieht. Diese Überzogenheit ist symptomatisch für den Gehemmten, der eben auch mal oben sein, mehr sein, tonangebend sein will, Elternrollenspieler sein möchte.

Während also der Gehemmte und Kindrollenspieler Schulden macht, kann sich derjenige, der es geschafft hat, der zum Beispiel beruflich ‹oben schwimmt›, den Luxus als Symbol für seine Persönlichkeit eher leisten. Der Erwachsene hingegen kauft weder billigen Schund noch teure Luxusgüter. Da sein Eigenwert ein Fundament hat und real ist, wird er immer so viel verdienen, wie er zur Erfüllung seiner Bedürfnisse braucht. Er kann sein Leben angenehm gestalten. Er kann gut essen, sich geschmackvoll kleiden und behaglich wohnen, aber er hat es nicht mehr nötig, aus Prestigegründen in Nobelhotels abzusteigen,

Gemälde von berühmten Malern zu kaufen, nur Haute Couture zu tragen oder goldene Wasserhähne im Marmorbad installieren zu lassen.

Geduld und Ausdauer

Um die entsprechenden Formen für die eigenen Inhalte zu schaffen, die bewirken, daß man in Übereinstimmung mit seiner Umwelt lebt und sich wohl fühlt, ist außerdem Geduld erforderlich. Ohne Geduld und Ausdauer ist es kaum möglich, die inneren Bilder zu verwirklichen. Nur wer lange sucht, Vergleiche anstellt und dabei die notwendige Sorgfalt an den Tag legt, hat die Chance, Innen und Außen in Einklang zu bringen. Viele scheuen die Mühe, tagelang, ja oft wochen- und monatelang zu suchen, Erkundigungen einzuholen, auszuprobieren, Muster mitzunehmen, Fachleute aufzusuchen, auf Messen zu gehen. Sie nehmen dann einfach das, was ihnen unter den gegebenen Umständen noch am besten gefällt, weil es ihnen zu unbequem ist, noch weiter nach einem ansprechenderen Produkt oder einer besseren Lösung Ausschau zu halten. Sie passen sich an und geben sich dann mit einem meist unnötigen Kompromiß zufrieden.

Zeit

Wie überall ist auch bei der Verwirklichung von eigenen Vorstellungen der Faktor Zeit von entscheidender Bedeutung. Wer ganztägig arbeitet, hat im Grunde kaum eine Chance, seine Inhalte zu entdecken und auszudrücken. Seine Zeit reicht gerade dazu aus, die notwendigsten Dinge zu tun, Nahrungsmittel zu kaufen, zu kochen, Schuhe zu putzen, das Auto in die Reparatur zu fahren, zu duschen, die Kleider von der Reinigung zu holen usw., um auch am nächsten Tag sauber und ordentlich am Arbeitsplatz zu erscheinen. Es ist oft kaum möglich, sich vom Arbeitsstreß zu erholen und zu entspannen, geschweige denn die eigene, wahre Identität zu entdecken oder gar eigene Projekte zu starten.

Wer etwa ein Haus baut, sollte sich eigentlich ein Jahr lang von seiner Arbeit beurlauben lassen, denn er kann in den meisten Fällen in dieser Zeit nie soviel verdienen, wie er durch seine Anwesenheit, Kontrolle, Selbsthilfe und durch Preisvergleiche beim Bau einspart. Zudem wird das fertige Haus eine andere Qualität haben und mehr den eigenen Vorstellungen entsprechen. Indem man sich Zeit für etwas nimmt, entscheidet man also, welche Prioritäten man setzt, für was man seine Lebenszeit verwendet. Wenn jemand vorgibt keine Zeit zu haben, braucht er sich um die wichtigen und wesentlichen Dinge, die das eigene Leben betreffen, nicht zu kümmern. Er kann damit die Mühe des Formschaffens abwehren und bleibt so in den alten Mustern und Programmen gefangen.

Kraft

Jedem Menschen steht nur ein begrenztes Kraftpotential zur Verfügung. Manche Menschen sind so von ihrer Neurose beziehungsweise von ihren verdrängten und unverwirklichten Persönlichkeitsanteilen ausgezehrt, daß sie keine Energie mehr haben, um Formen für Inhalte zu schaffen. Ihre Depressionen, ihr niederer Blutdruck, ihre Kopfschmerzen und ihre verdrängten Aggressionen machen sie schwach und schlapp. Wichtig ist es, trotzdem mit der Realisation zu beginnen, da so der seelischen oder der körperlichen Krankheit Energie entzogen wird. Im Akt des Formschaffens werden auf diese Art und Weise plötzlich ungeahnte Energien frei – und Krankheit und Leid sind vergessen.

Zugegeben, wenn man sich die vielen Punkte vor Augen führt, die für das Formschaffen wichtig sind, besteht zunächst einmal die Tendenz zur Resignation. Wie sollte man das alles schaffen? Ist das nicht ein aussichtsloses Unterfangen? Wer hat denn schon die Zeit, die Kraft und die Geduld, die dazu erforderlich sind? Wenn man sich jedoch bewußt macht, daß dieses schwierige Formschaffen in der Außenwelt den einzelnen davon abhält, den eigenen Leib als Ausdrucksmittel von unverwirklichten Energien zu benutzen, erscheinen die Mühe und der Kraftaufwand relativ gering. Denn was kostet eine chronische Erkrankung an Kraft und Geld, und was erfordert sie an Geduld, ganz zu schweigen von einer möglichen Gefahr für das Leben.

Wir sehen, daß eine Analogie besteht zwischen dem konstruktiven Energieeinsatz beim Formschaffen beziehungsweise bei der Realisation einer Anlage und der Investition an Energie, die für die Heilung einer Krankheit erforderlich ist. Man kommt also nicht um einen Energieeinsatz herum! Man kann sich letztendlich vor nichts drücken! Das Schicksal ereilt uns immer wieder! Entweder man investiert seine Energie für die Verwirklichung der eigenen Identität, für die Stabilisierung und den Ausbau der eigenen körperlichen, seelischen und geistigen Gesundheit, oder man muß dieselbe Energie für die Therapie der Krankheit aufwenden, die paradoxerweise dadurch entsteht, daß man seine Identität nicht zu verwirklichen vermochte.

Wenn man genauer hinsieht, wird offenbar, daß dieselbe Energie bereits in der Krankheit und deren spezifischen Entwicklungsphasen zum Ausdruck kommt, nämlich als *unbewußte,* pervertierte ‹Verwirklichung›. Diese für die Krankheits- und Todesprophylaxe enorm wichtige Feststellung soll mit der Gegenüberstellung auf der nächsten Seite deutlich gemacht werden:

Die *Inkubationsphase* ist die Phase, in der die Krankheit ‹ausgebrütet› wird, in der sie entsteht. So sind etwa bei Infektionskrankheiten die Zeiträume zwischen Eindringen der Erreger in den Organismus und Ausbruch der durch sie bedingten Krankheit verschieden lang. Diese Inkubationsphase entspricht der Bewußtwerdungsphase bei der Verwirklichung einer Anlage. So wie die Krankheit allmählich ins Bewußtsein tritt, so wird dem einzelnen auf der psychischen Ebene immer mehr bewußt, welche Anlage ausgebildet werden muß.

Die *Phase der Manifestation* hat große Ähnlichkeit mit der Informationsphase. Als Manifestation bezeichnet man in der Medizin die Entwicklungsphase, in der die Krankheit erkennbar und sichtbar wird. Analog werden im psycho-physiologischen Bereich in der Informationsphase die eigene Anlage und deren Möglichkeiten offenbar.

Verwirklichungsphase einer Anlage:	*Krankheitsphasen:*	*Therapiephasen:*
1. Bewußtwerdungsphase	1. Inkubationsphase	1. Bewußtwerdung der Krankheit
2. Informationsphase	2. Manifestation	2. Informationsphase
3. Entwicklung und weiterer Ausbau einer eigenen Vorstellung, eines eigenen Konzeptes, eines eigenen Weges zu einem eigenen Ziel (Konzeptionsphase)	3. Generalisation	3. Konzeptionsphase Es wird ein Rezept verordnet. Ein Plan aufgestellt, wie die Krankheit anzugehen ist. (das therapeutische Konzept)
4. Realisationsphase Umsetzung des weiterentwickelten, differenzierten Konzepts in die Realität des Lebens	4. Phase der Morgenröte	4. Realisationsphase Durchführung des therapeutischen Konzepts

Die *Generalisationsphase* ist gekennzeichnet durch die Ausbreitung einer Krankheit, die unter Umständen den ganzen Körper in Mitleidenschaft ziehen kann. Die Krankheit ist ein Programm, das in Aktion tritt und sich ausbreitet. Diese Krankheitsphase entspricht der Konzeptionsphase, in der sich aufgrund der Informationen allmählich ein eigenes, neues Programm oder Konzept für die jeweilige Anlage herauskristallisiert. Dieses Konzept wird schließlich weiterentwickelt und verfeinert.

In der *Phase der Morgenröte* befindet sich der Patient auf dem Wege der Besserung. (Es kann aber auch sein, daß es im Falle einer Entzündung nicht zu einer Heilung, sondern zu einer Chronifizierung des Leidens kommt!) So angenehm die Bezeichnung ‹Phase der Morgenröte› auch klingen mag, so darf sie doch nicht darüber hinwegtäuschen, daß man während der Krankheit Zeit und Energie verloren hat, die nützlich gewesen wären, um Produktives zu schaffen. Die *Phase der Morgenröte* ähnelt der Verwirklichung einer Anlage oder Fähigkeit. Wer eine Anlage zu realisieren vermag, der kann in seinem Leben ein wunderschönes ‹Morgenrot› genießen. Er hat neue Kraft und neue Möglichkeiten. Er freut sich auf die kommenden Jahre und Jahrzehnte, weil er weiß, daß er mit der neugewonnenen Anlage viel Liebe, Glück und Erfolg ernten wird.

AUSBILDUNG VON ANLAGEN

Es gibt so viele Gaben und Talente – und eigentlich verfügen wir über das Potential, alle zu besitzen – ,doch es gibt sicherlich einige, die in unserem Bewußtsein ausgeprägter sind. Finde also Deine Begabung – Dein Talent – heraus, und bringe es auf Hochglanz, um damit eine bessere Welt zu schaffen.

John Randolph Price

Kürzlich wurde von einer staatlichen Behörde einer Kleinstadt die Stelle eines Diplom-Psychologen ausgeschrieben. Es meldeten sich hundertzwanzig Bewerber. Sie kamen von nah und fern. Sie mieteten Zimmer in den Pensionen und Hotels, sie zelteten in der unmittelbaren Umgebung der zukünftigen Arbeitsstelle und hofften; denn jeder einzelne von ihnen dachte, die Voraussetzungen und Kriterien, die für diesen Posten entscheidend waren, zu erfüllen. Das bisherige Team ließ die Bewerber antreten. Schließlich kamen drei in die engere Wahl, und die übrigen mußten unverrichteter Dinge wieder abreisen – außer Spesen nichts gewesen.

Fast alle Bewerber erkannten nicht die psychischen Gesetzmäßigkeiten, die über ihr berufliches Wohl und Wehe entscheiden, und mußten sich deshalb diesem unerfreulichen Auswahlverfahren stellen. Wählen durfte ein Gremium der bisherigen Belegschaft, und deren Entscheidung war wie ein Richterspruch für das berufliche Schicksal der Bewerber. Was haben die Betreffenden nicht beachtet? Warum mußten sie sich so erniedrigen und um den Posten bitten und betteln? Und warum geht es vielen in anderen Fachrichtungen ähnlich?

Die Betroffenen haben die Gesetze des Erfolges nicht beachtet. *Für Erfolg ist entscheidend, daß man der Gesuchte und nicht der Suchende ist.* Der Gesuchte ist man dann, wenn man Anlagen und Fähigkeiten in die Waagschale wirft, die andere Menschen dringend benötigen, wenn man für andere Menschen eine Projektionsfläche abgibt, weil man etwas beherrscht, was nicht jeder kann. Heute genügt es nicht mehr, nur über allgemeine Berufskenntnisse zu verfügen. Wer etwa als Psychologe kein Zusatzstudium in Psychoanalyse, Transaktionsanalyse, NLP, Psychodrama, Bioenergetik oder Schicksalskunde absolviert hat und sich nicht jahrelang intensiv im Selbststudium gebildet hat, findet kaum mehr eine Arbeit. Erweist er sich jedoch auf einem dieser Zusatzgebiete als kompetent, ist er über Jahre hinweg beschäftigt. Alle wollen ihn haben – nicht nur die Klienten, Kollegen und Organisatoren, sondern auch die Menschen, mit denen er privat zu tun hat.

Ebenso erfolgreich wäre sicher ein Mediziner, wenn er sich mit Ernährungslehre, Naturheilkunde, Psychosomatik, kybernetischer Medizin oder psychologischer Astrologie auseinandersetzen, ein Architekt, wenn er sich zusätzlich mit Psychologie, Baubiologie, Solartechnik oder Ökologie befassen würde.

Die Zeichen der Zeit stehen also im Grunde schon lange auf Ausbildung von Anlagen und Erwerb von neuem, fachübergreifendem Wissen, um fähig zu werden, vernetzt zu denken. Doch nur wenige haben dies bis jetzt wahrgenommen und entsprechend gehandelt. Viele sind zum Beispiel immer noch in der alten Vorstellung gefangen, man müsse insbesondere Fremdsprachen lernen, um beruflich vorwärtszukommen, oder glauben gar, sich damit weiterzubilden. Da Englisch Weltsprache ist, braucht man nicht mehr so viel Zeit zu investieren, um auch andere Sprachen zu lernen. Viele paukten Jahre und Jahrzehnte lang Vokabeln einer fremden Sprache. Sofern sie nicht beruflich darauf angewiesen sind, können sie die erlernte Fremdsprache (die zudem ständig geübt werden muß, da man sie sonst verlernt) kaum nutzen. Hinzu kommt, daß sie durch diese Art des Lernens einer Fremdsprache (lediglich ein nachvollziehender Akt) kaum eine Erweiterung ihres Bewußtseins erfahren. Man wird menschlich dadurch nicht reifer, lernt für das Leben nichts dazu. Ein einziges, fundiertes Wochenendseminar zum Thema ‹Wie manage ich mich selbst›, über die ‹Gesetze des Erfolges› oder über ‹Beziehungsfähigkeit› bringt deshalb meines Erachtens mehr an Durchblick und Reife als jahrelanges Pauken einer Fremdsprache.*

Der Grund dafür, daß so viele Menschen Fremdsprachen noch nach dem Schulabschluß erlernen wollen, liegt wohl auch darin, daß sie glauben, damit Bildung nachholen zu können. Dabei übersehen sie, daß die herkömmliche, anachronistische Schulbildung nur einen Bruchteil der menschlichen Anlagen fördert. All das, was für das Leben wirklich von großer Wichtigkeit ist, wird ausgespart. Es werden fast ausschließlich Fremdsprachen und mathematische Kenntnisse gefördert, also Fähigkeiten, die in dieser Einseitigkeit bei Glück und Erfolg des Individuums und der Gesellschaft kaum ins Gewicht fallen. Daß es außer diesen von der herkömmlichen Schule geförderten Anlagen auch noch andere Fähigkeiten geben könnte, die für Wohl und Wehe des einzelnen von viel entscheidenderer Bedeutung sind, wird kaum gesehen. Obwohl täglich überall die Unzulänglichkeiten und Unfähigkeiten dieser einseitigen Bildung offensichtlich werden, gibt es bis heute keine Schule, die die im Menschen von Natur aus angelegten Fähigkeiten zutage fördert. Es sind dies die Fähigkeiten, die den einzelnen mehr Lebensqualität, mehr Glück in Partnerschaft und Beruf erfahren lassen. Fähigkeiten, die ihn und den Mitmenschen bereichern und die zugleich Hauptfächer in der Schule des Lebens sind.

* Sicher kann eine Fremdsprache dazu dienen, bewußter mit der eigenen Muttersprache umzugehen und die Kommunikationsfähigkeit zu erweitern. Sprache ist Rüstzeug, ist Mittel zum Zweck, sollte aber nicht Selbstzweck sein.

Wirtschaft	(wirtschaftlich denken und handeln)
Medizin	(Schulmedizin, Naturmedizin, Psychosomatik)
Ökologie	(Fähigkeit, vernetzt zu denken)
Ernährungslehre	
Baubiologie	
Rhetorik	(Ausdrucksfähigkeit, Diskussionsfähigkeit)
Schicksalskunde	(Fähigkeit, symbolisch zu denken)
Psychologie	
Soziologie	
Zukunftsgestaltung	(Fähigkeit der Vorausschau und Antizipation)
Management	
Partnerschaft	(Erotik, Sexualität, Kompromißfähigkeit, Einfühlungsvermögen, Verantwortungsgefühl usw.)

Wer fähig ist, wirtschaftlich zu denken und zu handeln, über Anatomie, Physiologie und Pathologie des Körpers Bescheid weiß, Wissen über verschiedene Heilmethoden hat, wer ökologisch denken kann, weiß, welche Art von Ernährung und Wohnung gesund oder schädlich ist, wer gut reden und sein Leben managen kann, wer seinen Charakter und das entsprechend dazu verlaufende Schicksal, seine Verflochtenheit mit Familie und Gesellschaft erkennt, wer partnerfähig geworden ist, der wird im Leben sicher mehr Gesundheit und Glück erwirken als derjenige, der nur die Technik des Automotors verstanden hat oder gut Klavier spielen kann.

Es ist verrückt! Obwohl dies alles so auf der Hand liegt, alles so offensichtlich und sonnenklar ist, obwohl dies im Grunde fast jeder weiß, gibt es kaum jemand, der es sich bewußtmacht und wirklich dazu übergeht, eine Anlage, die für sein Leben wichtig ist, auszubilden. Viele haben so sehr Angst davor, daß sie lieber jahrelang frustriert, unglücklich, süchtig und krank sind oder sogar noch eher sterben, als daß sie einen Schritt vorwärts machen würden. Lieber erleiden sie jahrzehntelang einen Schicksalsschlag nach dem anderen, als nur einmal zu versuchen, durch Ausbildung einer Anlage ihr Persönlichkeitssystem zu verbessern.

Ein typisches Beispiel dafür ist Edmund, der die Schäden aus seiner Kindheit kompensierte, indem er fast ununterbrochen redete. Wo auch immer er erschien, dominierte Edmund mit seinen Monologen, wobei andere kaum eine Chance hatten, sich einzubringen. Mit diesem Kommunikationsverhalten bewirkte er,

1. daß er vorwiegend gehemmte Menschen anzog;
2. daß er sich kaum weiterentwickeln konnte; (Da er anderen nur wenig zuhörte, konnte er kaum neue Informationen erhalten, die ihm hätten Anregung geben und seinen Horizont erweitern können.)
3. daß sich seine Frau von ihm abwandte und so seine Ehe in die Brüche ging;
4. daß er vereinsamte; (Die Mitmenschen ließen entweder seinen Redeschwall über sich ergehen und waren dabei frustriert oder gingen ihm von vornherein aus dem Weg. Edmund wurde keine liebende Zuwendung und keine Anerkennung zuteil, was ihn schließlich noch mehr zur Kompensation trieb – ein Teufelskreis.)
5. daß er zum Misanthrop wurde; (Da er das, wonach er sich in der Begegnung so sehr sehnte, nie bekam, begann er mehr und mehr seine Mitmenschen zu hassen und zu verurteilen, was seine Beliebtheit noch mehr schmälerte.)
6. daß er schließlich dem Alkohol zum Opfer fiel. (Durch den Alkohol gelang es ihm, seinen Jammer jeweils vorübergehend wegzuspülen, was sich jedoch wiederum ungünstig auf seine zwischenmenschlichen Beziehungen auswirkte. Zudem bekam er dadurch einen Leberschaden, der nur sehr schwer zu therapieren war.)

Obwohl das Schicksal ihm klar und deutlich die Wirkungen seines Verhaltens zeigte, dauerte es fast dreißig Jahre, bis Edmund bereit war, sein Kommunikationsverhalten zu verändern. (Welche Möglichkeiten im Falle von Edmund vorhanden sind, wird im Kapitel Kommunikationsfähigkeit besprochen.)

Was ist es, was da so Angst macht? Im Falle von Edmund ist es schwer, ein Verhalten abzulegen, das bisher Kompensation und Stütze des labilen Persönlichkeitssystems war. Daß er gut reden konnte, hat ihn stabilisiert. Nun sollte er gerade diese Begabung, die sein Ausgleich war, indem sie als ‹Krücke› diente, korrigieren. Er wäre aus seiner Sicht vor dem Nichts gestanden. Auch ist es sehr schwierig, selbst die Initiative zu ergreifen und das nötige Durchhaltevermögen an den Tag zu legen, um neue Kommunikationsmuster zu erlernen und zu praktizieren; denn bisher war es ja meist so, daß man nur das gelernt hat, was in der Schule und später von der Firma oder Institution vorgegeben und verlangt wurde. Kaum jemand lernt etwas gerne freiwillig. Aber selbst dann, wenn die Bereitschaft vorhanden ist – wo und auf welche Art und Weise kann man neue Programme erlernen? Meist ist man dabei auf sich selbst gestellt, muß sich hinsetzen und Gedanken machen über die Folgeerscheinungen des bisherigen Verhaltens, und wie denn nun ein neues Verhaltensmuster, das mit der eigenen Persönlichkeit stimmig ist, aussehen könnte. Vielleicht muß man dies sogar schriftlich niederlegen, in einer Art ‹Aufsatz›, der einem helfen soll, in den folgenden Wochen und Monaten den nächsten Lernschritt zu tun, nämlich das neu erworbene Programm einzuüben. Wer macht das schon? Wer hat wirklich den Mut dazu? Lieber putzt doch die Hausfrau noch einmal die Küche blitzblank, lieber trägt der Macho sogar noch den Mülleimer runter, lieber schaltet man doch den Fernseher ein, lieber liest man einen neuen Liebesroman, lieber geht man aus, lieber reist man um die ganze Welt . . . Ja, lieber betet man stundenlang, lieber schließt man sich einer Sekte an und folgt einem Guru oder meditiert tagelang und redet sich ein, sich weiterzuentwickeln, bevor man tatsächlich das Notwendige und Wesentliche angeht.

Fast scheint es so, als ob das ganze Leben im Patriarchat nur aus Tausenden von Abwehrritualen bestünde, nur um nicht wesentlich werden zu müssen, um nur ja nicht das zu tun, was ein angenehmes Schicksal beschert. Das erstaunliche ist, daß es dennoch einige wenige gibt, die wesentlich geworden sind, die eine oder mehrere Fähigkeiten aus eigener Initiative und Kraft ausgebildet haben. Diese außergewöhnlichen Menschen werden mit einem erstaunlichen Phänomen konfrontiert: daß nämlich von all den Unglücklichen und Erfolglosen niemand fragt, warum und wodurch der Betreffende so glücklich und erfolgreich geworden ist. Niemand will wissen, warum dessen Partnerschaft auch nach Jahren noch immer so voller Liebe und Zärtlichkeit ist, warum er beruflich von Erfolg zu Erfolg eilt. Niemand läßt sich das Erfolgsprogramm erklären. Meistens sind bei den Erfolgslosen zwei Reaktionsweisen zu beobachten: entweder sie sehen sich veranlaßt, den Erfolgreichen mit ihren Mißerfolgsprogrammen aufzuklären, weil sie sein Denken und Verhalten als anormal und verschroben empfinden, oder sie fragen an, ob sie für den Erfolgreichen arbeiten dürfen oder ob er nicht auch ihnen einmal seine Fähigkeiten zur Verfügung stellen würde. Doch welche von den vielen menschlichen Anlagen und Fähigkeiten soll nun der einzelne ausbilden? Wofür soll er sich bei dieser Auswahl entscheiden?

Wichtig ist, daß er einfach irgendwo in seinem Persönlichkeitssystem ansetzt – am besten natürlich dort, wo er schwach ist, wo seine Hauptschwierigkeit liegt. Leider besteht häufig die umgekehrte Tendenz, nämlich daß man dort, wo man ohnehin schon gut ist und Erfolgserlebnisse verbuchen kann, noch mehr Anstrengungen unternimmt und dadurch dort noch besser und erfolgreicher wird. Hingegen wird das Feld, auf dem man schwach ist, wo Defizite liegen, meist ausgespart und dadurch die Schwäche noch intensiviert. Kann jemand gut Tischtennis spielen, hat aber Schwierigkeiten, seine Gefühle gegenüber der Partnerin zu zeigen, so wird der Betreffende mit großer Wahrscheinlichkeit lieber seine Tischtennistechnik weiter verbessern als sein Defizit auffüllen wollen. Denn nichts macht erfolgfolgreicher als der Erfolg, und jedes Erfolgserlebnis stärkt die Anlage ungemein und treibt dazu, sich wieder aufs neue zu engagieren. Wer eine Anlage zur Verfügung hat, möchte sie auch einsetzen. Kann jemand gut schwimmen, hat er automatisch auch Spaß an diesem Sport, während ein anderer, der mit dem Schwimmen Mühe hat, daran keine Freude findet. Wie beim Tischtennisspielen und Schwimmen verhält es sich im übertragenen Sinne mit all unseren Anlagen und Fähigkeiten. Jede Anlage in uns ist ein lebendiger Persönlichkeitsanteil, der sich entfalten will. Jede Anlage will zum Ausdruck gebracht werden, jede Anlage will ‹leben›. Eine Anlage, die erworben wurde und nun zur Verfügung steht, ist der einzige Besitz auf dieser Welt, der einem nicht mehr abhanden kommen kann, bei dem man keine Verlustängste zu haben braucht. Dieser Schatz ist für jeden Dieb unerreichbar. Wo auch immer der Eigentümer sich befindet, auf Schritt und Tritt begleitet ihn seine Anlage. Er beschenkt damit die Umwelt, und die Umwelt beschenkt ihn. Endlich setzt eine positive Verstärkung des Schicksals ein, denn wer eine Anlage ausgebildet hat, hat sich damit eine Affinität zum Glück erarbeitet.

Nur wenn jemand eine Anlage zur Verfügung hat, kann er mit seinem Spiegelbild zufrieden sein. Wer seine Anlage immer unterdrückt und hemmt, erwirkt die Unterdrückung und Hemmung in der Außenwelt. Das, was andere ihm antun, hat er (innerlich) sich selbst angetan. Es ist verständlich, daß man in dieser Situation nur sehr ungerne in den Spiegel schaut. Man ist mit seinem Spiegelbild nicht einverstanden, man wehrt ab und sagt: Das kann doch nicht ich sein! Das hat doch mit mir nichts zu tun! Deshalb wollen viele ihren Spiegel (= die Umwelt) ändern und kämpfen gegen die äußeren Erscheinungen (= Symptome) – ein aussichtsloses Unterfangen. Hat jemand hingegen von innen seine Anlage zum freien Fließen gebracht, wird er auch in der Außenwelt nicht mehr gehindert werden. Wenn er sich dann im Spiegel betrachtet, kann er sich freuen. Sein inneres Glück widerspiegelt sich außen. Daher sind nicht Haus, Inneneinrichtung, Grundstück oder eine Aussteuer die beste ‹Mitgift›, die Eltern ihren Kindern mitgeben können, sondern Anlagen, die sie vorlebten oder die sie bei jenen aufkeimen und wachsen ließen (= lebendige Mitgift). Solche Eltern haben bei ihren Kindern die Voraussetzung für ein qualitatives Leben geschaffen. Die Ausbildung einer Anlage hat folgende positive Auswirkungen:

‹Frequenzwechsel›

Jede Anlage, die im Laufe der Zeit ausgebildet wurde, hat eine andere Ausstrahlung und einen anderen Empfang. Sie befindet sich auf einer anderen ‹Frequenz›.

Rücknahme von Projektionen beziehungsweise Erwartungshaltungen

Jede Anlage, die nur mangelhaft zur Verfügung steht, treibt zur Projektion. Je mehr jemand Fähigkeiten ausbildet, desto weniger muß er Partner und Umwelt mit Projektionen belasten.

Wegfall von Feindbildern

Wenn man erkannt hat, daß die Umwelt nur ein Spiegel ist, werden die Feinde zu Freunden, da sie uns durch ihr Verhalten Hinweise geben, welche Persönlichkeitsanteile wir noch nicht wirklichkeitsadäquat ausleben.

Heilende Wirkung bei sich selbst und bei den Mitmenschen

Wird eine Energie gehemmt und abgeblockt, reagiert die menschliche Natur mit Krankheiten. Die gestaute Energie wird über die Somatisierung abgeleitet. Gelingt es, die Energie frei fließen zu lassen, so nehmen proportional zu diesem Wachstum die Krankheiten ab. Je mehr Inhalt, Substanz und Sicherheit die Anlage bekommt, um so resistenter ist sie gegen physisch und psychisch pathogene Keime.

Vorbeugung gegen den Tod

Wer Anlagen ausbildet, beugt einem zu frühen Tod vor. Da der Betreffende durch seine Anlagen und Fähigkeiten mehr Lebendigkeit erhält, haben Degeneration, Alterungsprozeß und Tod weniger Chancen, sich zu manifestieren. Der Tod scheut Anlagen, die im freien Fluß sind, die lebendig sind, wie der Teufel das Weihwasser! Auch wird jedem einleuchten, daß das Unbewußte eines Menschen bei einem Problem kaum auf Selbstvernichtung schalten wird, wenn es beispielsweise mittels wirtschaftlicher Fähigkeiten, Managementfähigkeiten und der Fähigkeit, Alternativen zu entwickeln, gelöst werden kann.

Da unser körperlicher, seelischer und geistiger Organismus ein vernetztes, ökologisches System darstellt, ist die Ausbildung der Anlagen etwa vergleichbar mit einer Aufforstung in der Außenwelt. Die Aufforstung hat zur Folge, daß sich der Sauerstoffgehalt der Luft erhöht, daß bestimmte Tiere einen Lebensraum finden, daß der Wasserhaushalt besser geregelt wird und vieles mehr. Ähnliche positive Auswirkungen zeigt auch eine innere ‹Aufforstung›. ‹Forstet› jemand etwa das ‹erotische Land› auf, so werden damit auch Bereiche angesprochen, die er gar nicht beeinflussen wollte. Zum Beispiel kann das erotische Glück das Selbstbewußtsein so steigern, daß er es wagt, sich beruflich selbständig zu machen, oder sein Geschmack verändert sich aufgrund der anderen Stimmungslage – er bevorzugt plötzlich bei der Kleidung hellere, freundlichere Farben. Verändert man in dem vernetzten Persönlichkeitssystem nur eine Größe, wird damit alles verändert, da jedes Glied mit dem anderen im mittelbaren oder unmittelbaren Zusammenhang steht.

Nachdem bisher die Ausbildung von Anlagen und Fähigkeiten allgemein besprochen wurde, werde ich nun auf einige Anlagen besonders eingehen, auf die *Durchsetzungsfähigkeit,* die *Kommunikationsfähigkeit,* die *Empfindungsfähigkeit* und die *Verantwortungsfähigkeit.* In der jeweiligen Einleitung sind weitere Begriffe aufgeführt, die synonym verwendet werden können, sowie die Schattenseiten des Prinzips und die somatischen Auswirkungen. Im nachfolgenden Text werde ich erläutern, auf welche Art und Weise die betreffende Energie konstruktiv, das heißt lebensfördernd eingesetzt werden kann.

DURCHSETZUNGS-FÄHIGKEIT

Durchsetzungsfähigkeit ist gleichbedeutend mit: Initiative, Wagemut, kalkulierte Risiken eingehen, Pionierarbeit, Aktivität (auch Sport), Ursachen setzen, kalkulierter Energieeinsatz, in die Tat umsetzen, eigene Triebe entwickeln und zulassen.

Schattenseiten des Prinzips: Ärger, Aggression, Streit.

Somatische Ebene: Kopfschmerzen, Gallenbeschwerden, Entzündungen.

Überall – sei es in der Familie oder in einer Gruppe, sei es in der Partnerschaft oder im Beruf – ist es notwendig, sich einzubringen, sich durchzusetzen und zu behaupten, da die Umwelt einen sonst nicht beachtet. Mit dieser Anlage sollte man zeigen, daß man da ist, daß man es nicht hinnimmt, ignoriert zu werden.

Die oben genannten Fähigkeiten und Anlagen stehen am Beginn eines jeden Unternehmens. Ohne Durchsetzung, Initiative und Wagemut kann man nichts erreichen! Wer nichts wagt, gewinnt nichts. Doch wer schreitet wirklich von der Theorie zur Tat? Nur sehr wenige. Die meisten ziehen es vor, untätig zu bleiben, nicht vorzupreschen, keine Ursachen zu setzen, kein Risiko einzugehen – und bleiben deshalb oft arm, krank und allein. Wie viele Menschen möchten gerne eine erfüllte Partnerschaft haben, lernen aber angeblich aus Mangel an Gelegenheit keinen

Partner kennen. Doch Gelegenheit bietet sich überall – in der U- oder S-Bahn, im Warteraum des Zahnarztes, im Waschsalon, im Büro, auf der Straße ... Es gilt, die Chance beim Schopf zu pakken und etwas zu wagen. Einige meiner Kursteilnehmer haben stundenlang geübt, Frauen in der Fußgängerzone einer Großstadt anzusprechen – nicht auf plumpe und ungehobelte Weise, sondern auf eine elegante, vornehme und höfliche Art. Die meisten Frauen reagierten freundlich, und so manche waren ganz und gar nicht abgeneigt, ihre Telefonnummer zu verraten oder auch ein Rendezvous zu vereinbaren. Von zehn Frauen sagten im Durchschnitt nur sieben ab. Viele davon bedauerten es sehr, eine ablehnende Antwort geben zu müssen und baten um Verständnis für die Absage, etwa weil sie gerade frisch verliebt oder weil sie seit Jahren glücklich verheiratet seien. Das bedeutet, daß im Grunde jeder Mann – und natürlich auch jede Frau, sie kann auf ihre geschlechtsspezifische Art die Initiative ergreifen – eine freie Wahl haben, die nur durch die Reaktion des potentiellen Partners auf ein realistisches Maß beschränkt wird. Wer geschickt und originell vorgeht, hat daher alle Chancen. Allerdings muß er auch Mißerfolge verkraften können. Er darf die Ablehnung nicht persönlich nehmen, sondern sollte daran denken, daß auch in der Natur nur wenige Samen eines Baumes aufgehen und noch weniger es schaffen, ein ausgewachsener Baum mit vielen Blüten und Früchten zu werden. Wer nur dreimal im Jahr die Initiative ergreift, braucht sich daher nicht zu wundern, wenn der Erfolg ausbleibt! Im Grunde kann in solchen Fällen niemand etwas verlieren, sondern nur gewinnen: denn Passivität oder Abwarten und Zaudern ist gleichbedeutend mit permanentem Mißerfolg. «Nicht auszudenken, was gewesen wäre, wenn ich damals nicht die Initiative ergriffen und im Café Brigitte nicht meine Visitenkarte überreicht hätte», sagt Franz, der seit acht Jahren mit Brigitte glücklich verheiratet ist.

Initiative und Mut vergrößern jedoch nicht nur die Auswahl an potentiellen Partnern, sondern machen auch sicherer. Der, der diese Anlage sein eigen nennen kann, läßt sich zum Beispiel in einer bestehenden, festen Beziehung weniger unter Druck setzen oder gar ausbeuten, zumal er ja keine Angst mehr haben muß, im Falle einer Trennung Monate oder gar Jahre lang allein bleiben zu müssen.

Was hier exemplarisch für den Beginn einer Beziehung aufgezeigt wurde, ist auf sämtliche Lebensgebiete übertragbar. Überall heißt es, Mut zu beweisen, etwas zu initiieren, Pionierarbeit zu leisten, eben «Biß» an den Tag zu legen! Wer kennt das nicht aus eigener Erfahrung: Man schiebt notwendige Anrufe vor sich her und Steuererklärungen auf, startet keine Anfragen, beraumt Besprechungen nicht an, hat zu wenig Energie, keinen Antrieb – man beißt sich nicht durch. Ein Musterbeispiel hierfür gab ein Kursteilnehmer, der nebenbei auf seinem Bauernhof eintausend Bäume großgezogen hatte. Als er nach acht Jahren hörte, daß die Bäume im Durchschnitt ca. 300 DM pro Stück wert seien, wollte er sie zum Verkauf anbieten. Doch wer braucht solche Bäume? Wo könnte er inserieren? Wo könnte er anrufen? Wo muß er vorsprechen? Wo besteht die Chance zum Verkauf? Auf welche Art und Weise geschieht der Transport? Wie muß man kalkulieren? Unser Kursteilnehmer schaffte es nicht, auch nur einen einzigen Baum zu verkaufen! Als er das Angebot unterbreitete, daß derjenige, der das alles in die Hand nimmt und den Verkauf der Bäume besorgt, fünfzig Prozent des Gewinns erhalten würde, meldete sich in der Gruppe niemand. Niemand traute sich zu, so etwas durchzusetzen und zu organisieren! Erst sechs Wochen später bei einem anderen Wochenendseminar saß ein Mann, der nicht lange zögerte. Dieser Mann machte in einer Woche über hundertfünfzig Anrufe und lief ‹von Pontius zu Pilatus›. Es war eine harte Arbeitswoche, aber es blieben für ihn unter dem Strich 75 000 DM, also mehr als Otto Normalverbraucher bei zwei Jahren Ganztagsarbeit verdient.

Wenn der nötige Biß fehlt, dann dauert der Hausbau endlos, ist die Wohnung nach vier Jahren immer noch nicht voll eingerichtet, ist der Balkon nicht bepflanzt, geht in der Firma nichts vorwärts. Es passiert einfach nichts! Von selber ergreift kaum jemand die Initiative! Die meisten Menschen werden nur unter

Druck und Zwang tätig! Ansonsten ist kaum etwas zu erwarten! Deshalb ist derjenige, der sich durchsetzen kann, eine Ausnahmeerscheinung, er ragt aus der Masse hervor und ist erfolgreich. Meist bringt er in drei Tagen mehr zuwege als andere in einem Jahr! Viele Menschen lassen sich sofort beirren und aus der Bahn werfen, wenn jemand nicht erreichbar ist, wenn etwas nicht gleich klappt, wenn Hindernisse im Wege sind und Blockaden den Weg versperren. Oft sind viele Initiativen und Aktivitäten notwendig, um ein bestimmtes Ziel zu erreichen. Nur wer nachhakt, nicht aufgibt und neue Versuche startet, hat Aussicht auf Erfolg.

Der Mensch lernt primär aus Versuch und Irrtum! Ohne Versuch, ohne den Mut, etwas in die Tat umzusetzen, kann er kaum Erfahrungen machen, kann er nichts verbessern und verliert den Kontakt zur Realität. Viele zeigen ihren Mut aber auch an der falschen Stelle, dort wo es um nichts geht, wo es gefährlich ist, ja sogar dort, wo es tödlich sein kann. So würden sie eher wagen, vom Todesfelsen in Acapulco zu springen oder an einer unübersichtlichen Kurve mit dem Auto zu überholen, als ihre wahren Gefühle zu zeigen oder in ihrem eigenen Leben Ordnung zu schaffen.

Ebenso nutzlos ist es, dieses Prinzip als Ärger, Aggression, Streit oder auf der körperlichen Ebene als Entzündungen (= Streit im Organismus) auszuleben. Dieselbe Energie, die der Betreffende in seinen Ärger investiert, könnte er verwenden, um eigene Ideen in die Tat umzusetzen. Wer sich über einen Konkurrenten ärgert, stärkt immer dessen Position, da der andere in derselben Zeit weitere konstruktive Schritte unternehmen kann. Sich ärgern heißt mit bestimmten Situationen in der Außenwelt nicht einverstanden zu sein und ihnen ohnmächtig gegenüberzustehen. Ärger ist dabei gleichbedeutend mit ‹auf der Stelle treten›. Hier heißt es, das alte Verhaltensmuster abzulegen und zu sagen: Stop dem Ärger! Freie Fahrt für Durchsetzung, Initiative und Mut.

KOMMUNIKATIONS-FÄHIGKEIT

Kommunikationsfähigkeit ist gleichbedeutend mit Aufnahme, Verarbeitung und Weitergabe von Informationen; Lernfähigkeit; Artikulationsfähigkeit; rhetorische Fähigkeit; Diskussionsfähigkeit; Fähigkeit, Mimik und Gestik einzusetzen; Darstellungsfähigkeit.

Schattenseiten des Prinzips: Geschwätzigkeit im Pluspol, Stottern im Minuspol

Somatische Ebene: Bronchitis, Lungenleiden, Einschränkungen in der Beweglichkeit

Fast alle Menschen glauben, kommunikationsfähig zu sein. Daß dies ein Trugschluß ist, wird auf Familienfeiern, Parties und Vereinstreffen evident, aber auch in Gesprächskreisen und in der Zweierbeziehung. Kaum jemand beachtet die Regeln, deren Einhaltung für eine echte Kommunikation die Grundbedingung darstellen. Fast immer und überall wird nur durcheinander geredet, kaum jemand geht auf den anderen ein, ungeduldig warten die anderen, bis der Sprechende den Satz beendet hat, um selbst vorzupreschen und sich darstellen zu können.

Das Thema ‹Kommunikation› ist so komplex und umfangreich, daß man darüber mehrere Bücher schreiben könnte. Es existiert zwar bereits wertvolle Literatur, doch scheint diese kaum Verbreitung und Gehör gefunden zu haben. Das Erstaunliche ist, daß Kommunikationsschwierigkeiten in fast allen Schichten zu verzeichnen sind. Selbst die Intellektuellen, von denen man annehmen könnte, daß sie das Problem besser im Griff hätten, sind davon betroffen. Was sind die Kriterien, die eine gute Kommunikation ausmachen?

Gleichberechtigung

Nur wer sich gegenüber seinem Mitmenschen, und sei jener noch so hoch von Rang, als gleichberechtigter Partner sieht, hat die Möglichkeit, sich auf einer realen Ebene mit dem anderen auszutauschen. Ohne das Gefühl, gleichberechtigt zu sein, befände sich der Betreffende in einem defizitären Zustand, was sich zwangsläufig negativ auf die Kommunikation auswirken muß. Ebenso ungünstig ist es, wenn sich der einzelne dem anderen überlegen fühlt, also den Mitmenschen nicht als gleichberechtigten Partner behandelt.

Zuhören

Die Fähigkeit, dem anderen Gehör zu schenken, setzt voraus, daß man sich ihm nicht überlegen fühlt und für die Inhalte, die er zu vermitteln versucht, auch interessiert. Leider können viele zwar stundenlang den Stimmen aus dem Radio und dem Fernsehapparat lauschen, haben aber große Schwierigkeiten, dem Mitmenschen auch nur für kurze Zeit zuzuhören.

Interesse

Echtes Interesse am Mitmenschen kann nur derjenige entwickeln, der seine Neurose weitgehend abgelegt hat und so uneingeschränkt lebensbejahend geworden ist.

Fairneß

Die Lebensbejahung ist auch die Grundvoraussetzung für Fairneß. Wenn Fairneß nicht aus der Liebe zum Leben stammt, sondern nur aufgrund einer Norm oder eines Gebots entwickelt wird, wird sie zur Farce. Fairneß bedeutet, daß man ehrlich ist, daß man es mit dem anderen gut meint, ihm seine Chance läßt, daß man guten Willens ist. Projektionen verhindern oft die Entwicklung von Fairneß. Man nimmt vom anderen einfach etwas an, unterstellt ihm etwas, ohne sich zu vergewissern, wie der andere es gemeint hat, ob die eigene Annahme der Wirklichkeit entspricht. Man läßt den anderen in solchen Fällen nicht Stellung beziehen, und wenn, dann werden dessen Ausführungen zur Bestätigung der eigenen Annahme oder als Stoff für neuerliche Vorwürfe verwendet.

Verständnis

Wer mit seinem Mitmenschen verständnisvoll umzugehen versteht, macht noch einen Schritt weiter. Er ist dem anderen nicht nur wohlgesonnen, sondern versucht auch, den Standpunkt seines Gegenübers sachlich und gefühlsmäßig nachzuvollziehen. Er bemüht sich, die Dinge so zu begreifen, wie jener sie erlebt und erfährt. Dazu ist allerdings wieder eine andere Fähigkeit relevant:

Die Fähigkeit, sich in den anderen einfühlen und hineindenken zu können.

Wahrnehmungsfähigkeit

Wer sich in eine andere Welt hineinzuversetzen vermag, kann zum Beispiel auch wahrnehmen, daß der andere an den eigenen Ausführungen kein Interesse zeigt, daß er geistig abschweift, weil er sich langweilt. Den anderen wahrzunehmen heißt, die Reaktionen des anderen zu erkennen, einen Bezug zu ihm herzustellen und dadurch die Chance zu erhalten, dem Gespräch eine andere Richtung zu geben.

Toleranz

Toleranz ergibt sich aus den letzten drei Punkten sowie aus dem Wissen, daß unterschiedliche Ansichten, Meinungen, Glaubenshaltungen und Weltanschauungen aus unterschiedlichen Informationen stammen, auf unterschiedlichen Erfahrungen beruhen, aus der Verschiedenheit von Defiziten und Bedürfnissen, Wahrnehmung, Absichten, Bestrebungen und Wünschen entspringen und schließlich mit den individuellen Unterschieden von Wissen und Fähigkeiten zu erklären sind.

Abgrenzungsfähigkeit und Fähigkeit zur Distanz

Wenn jemand den anderen in seinem Sosein annimmt und toleriert, kann er auch lernen, sich abzugrenzen. Jetzt kann er zum Ausdruck bringen: Dort ist Deine Meinung, die ich achte und respektiere. Hier ist aber auch meine Meinung, mit der ich umgekehrt erwarte, von Dir wahrgenommen und respektiert zu werden. Noch einen Schritt weiter ist derjenige, der die Fähigkeit zur Distanz hat. Er ist emotional nicht mehr völlig verflochten, sondern in der Lage, die Situation aus der Vogelperspektive zu betrachten. Er sieht aus der Ferne sich und den anderen agieren und vermag die Situation realistischer zu betrachten, indem er aus dem rein subjektiven Bezug heraustritt. Man kann mit ihm emotionsfrei – was nicht mit Gefühllosigkeit zu verwechseln ist – auf einer erwachsenen Ebene kommunizieren.

Kompromißfähigkeit

Wenn zwei Meinungen oder Vorstellungen aufeinanderprallen, muß nach erfolgter Abgrenzung die Kompromißbereitschaft signalisiert werden. Dies ist insbesondere dann nötig, wenn gemeinsame Unternehmungen oder Projekte durchgeführt werden oder bestimmte Ziele erreicht werden sollen. Wird mit dem Lebenspartner zusammen eine gemeinsame Wohnung eingerichtet, müssen Kompromisse geschlossen werden, da das Projekt sonst zum Scheitern verurteilt ist. Nur dort, wo der andere nicht in seinem Schicksal berührt und so sein Recht auf Mitbestimmung nicht verletzt wird, ist es möglich, die eigenen Vorstellungen und Pläne ohne Abstriche zu verwirklichen.

Wie kann Kommunikationsfähigkeit ausgebildet werden? Reden lernt man durch Reden! Jede Begegnung kann daher zur Übung dienen. Zusätzlich kann man sich auch zu einem Rhetorikkurs anmelden. Dort lernt man auch, Wesentliches von Unwesentlichem zu unterscheiden oder auch Sätze systematisch und folgerichtig aufzubauen. Besonders wichtig ist jedoch, daß der Betreffende sich Inhalte aneignet und seinen Wortschatz erweitert, wobei ihm vor allem das Lesen von Sachbüchern und der Besuch von Weiterbildungsveranstaltungen dienlich sein kann. Wenn man bedenkt, wie sehr eine glückliche Partnerschaft, ein harmonisches Familienleben und Erfolg im Beruf von der Kommunikationsfähigkeit abhängen, dürfte es nicht mehr so schwerfallen, sich auf diesem Gebiet entsprechend zu motivieren.

EMPFINDUNGSFÄHIGKEIT

Empfindungsfähigkeit ist gleichbedeutend mit der Fähigkeit, Gefühle zu entwickeln; der Fähigkeit, sich einzufühlen; der Fähigkeit, die Stimme der eigenen Natur zu hören; der Fähigkeit, eine seelische Eigenart beziehungsweise eine eigene Identität auszubilden; der Fähigkeit, Zärtlichkeit zu geben und zu empfangen; der Fähigkeit, Geborgenheit sowie seelische Liebe und Wärme zu schenken; Hingabefähigkeit; der Fähigkeit zu Intimität, Innigkeit und Vertrautheit; der Fähigkeit zu Humanität und Familiensinn; der Fähigkeit, ein Privatleben zu führen.

Somatische Ebene: Gastritis, Magengeschwüre, Schleimhautaffektionen, Unterleibsentzündungen bei der Frau, Prostatitis beim Mann.

Eltern, die ihr Kind nicht nach ihrem eigenen Bild formen wollen, die ihr Kind um dessen seelischer Eigenart willen annehmen und lieben, schenken damit Geborgenheit und seelische Wärme. Ihr Kind wird es später im Leben leichter haben, seine eigene Identität durchzusetzen und sich selbst in den Menschen und Dingen der Umwelt zu erkennen. Es wird leichter erkennen, wer und was zu ihm paßt, mit wem und mit was es seelisch verwandt ist, und es wird seinerseits wieder anderen Menschen seelische Liebe und Wärme schenken können.

Wer hingegen im Elternhaus fremdbestimmt wurde, wird

später große Schwierigkeiten haben, seine eigene Identität zu finden. Die eigene Identität ist die Voraussetzung für die Entwicklung von authentischen Gefühlen, für die Geborgenheit in sich selbst und dafür, den Mitmenschen in seinem Sosein akzeptieren und annehmen zu können. Nur wer in sich selbst geborgen ist, kann nach dem *Gesetz der Affinität* auch Geborgenheit in der Außenwelt finden – in der Wohnung, im Berufsleben und in der Partnerschaft. Wer seine Anlagen entwickelt hat, dem wird gegeben – er sucht unbewußt in der Außenwelt Verstärker für seine inneren Fähigkeiten auf. Wer jedoch seine Anlagen nicht entwickelt hat, dem wird noch etwas weggenommen – er sucht in der Außenwelt Verstärker für seine Defizite und gerät in einen negativen Regelkreis, aus dem es kaum ein Entrinnen gibt.

Im Schoße der Mutter liegt der körperliche Ursprung unseres Seins. Diese Wärme und Geborgenheit des schützenden Mutterschoßes sucht der erwachsene Mensch später ersatzweise wiederzuerlangen – in seinem Heim oder seinem Haus. Das Haus ist quasi eine Imitation der Gebärmutter, eine konstruierte Geborgenheit in der äußeren Welt. Wenn Männer Häuser bauen, dann bauen sie symbolisch die Gebärmutter, in der sie als Embryo eingebettet waren. Und tatsächlich: In dieser Phase des Bauens, des Einziehens und des Eingewöhnens in das neue Heim entscheidet sich häufig, ob der derzeitige Partner wirklich zum eigenen Wesen paßt, ob man wirklich seelisch intim und vertraut ist, ob somit die Partnerschaft wirklich tragfähig ist oder nicht. In vielen Fällen werden Eigentumswohnungen erworben und Häuser gebaut, und wenn alles fertig ist, löst sich die Partnerschaft auf. ‹Baustreß› ist dabei ein häufiger Auslöser. Oft war der Bau des Hauses der letzte Kompensationsversuch einer ohnehin schon kranken Beziehung. Man wollte es nicht wahrhaben, daß man nicht zusammenpaßt, und baut oder kauft sich dann, um sich abzusichern, noch eine Wohnung oder ein Haus. Hausbau ist wie eine Schwangerschaft, und es fragt sich, was da jeweils zum Vorschein kommt.

Da eine Frau anatomisch gesehen einem werdenden Kind ein Zuhause schenken kann, hat sie weniger Schwierigkeiten mit diesem Prinzip. Deshalb kommt ein weiblicher Single mit seinem Leben meist besser zurecht als ein männlicher. Der Mann sucht immer nach seiner Gebärmutter, meist kann er Geborgenheit und seelische Wärme nur bei einer Frau finden. Er ist seelisch ein Obdachloser, ist nicht in sich selbst zu Hause. Er braucht die Frau, die die Wärme und die Liebe in sein Heim bringt, einen Ort der Geborgenheit, wo er sich hinkuscheln kann und sich nicht verstellen muß. Ein Mann bleibt – wie Georg Groddeck dies in seinem *Buch vom Es* so eindrucksvoll geschildert hat – im Grunde seines Herzens immer ein Kind, das nach seiner Mutter sucht. Das sollte sich seine Freundin oder Gattin immer vor Augen halten, und wenn sie fähig ist, ihm die Wärme und Geborgenheit zu schenken, die er braucht und sich erträumt, kann sie darauf vertrauen, daß all diese Formen der Liebe auf sie selbst zurückkommen werden. Actio gleich reactio.

Er gibt ihr vielleicht Geborgenheit durch seine Stärke, durch finanzielle Sicherheit, durch seine Zuverlässigkeit – oder durch seine Liebe. Nie aber kann er, wie die Frau, die Geborgenheit in ihrer reinen Form verkörpern und schenken, was schon anatomisch ausgeschlossen ist und ebensowenig für die seelische Entsprechung möglich ist.

Der Hinweis auf die Unterschiede zwischen Mann und Frau an dieser Stelle soll kein Plädoyer für die herkömmliche Rollenverteilung oder eine konservative politische Einstellung sein, sondern eine Aufforderung zum Verständnis des jeweils anderen. Menschlichkeit beginnt dort, wo man die Psyche des anderen erkennt und darauf Rücksicht nimmt. Ist jeder der beiden Partner Halt für den anderen? Bleibt man auch bei dem geliebten Menschen, wenn er einmal krank ist, aus dem Mund riecht oder unmöglich gekleidet ist? Hat die Beziehung die Innigkeit und Vertrautheit, die wichtig ist, um gemeinsam etwas aufzubauen und die Zukunft zu meistern? Geht man wirklich liebevoll und voller Verständnis miteinander um? Hat man gelernt, sich in den anderen einzufühlen? Bemüht man sich ehrlich, seine Gefühls- und Gedankenwelt zu verstehen, oder pocht man nur egoistisch auf die Erfüllung der eigenen Bedürfnisse?

In engem Zusammenhang mit der Geborgenheit steht die Fähigkeit, Zärtlichkeit zu schenken und anzunehmen. Was ist Zärtlichkeit? Vermutlich gibt es ebenso viele Beispiele für den Ausdruck von Zärtlichkeit, wie es Paare gibt. Was sie alle gemeinsam haben, ist, daß sie dem anderen Aufmerksamkeit signalisieren. Es geht nicht um große Anstrengungen oder leidenschaftliche Gefühlsausbrüche, sondern um kleine ‹zarte› Zeichen der Liebe. In ‹Zärtlichkeit› steckt ja nicht umsonst das Wort ‹zart›. Es sind vor allem Berührungen. Eine Frau besucht ihren Mann in seinem Arbeitszimmer, umarmt und küßt ihn liebevoll. Er massiert ihr den Rücken vor dem Einschlafen. Eigentlich ist Zärtlichkeit noch viel mehr als nur der sanfte Körperkontakt. Auch ein liebevoller Blick kann Zärtlichkeit sein. Zärtlichkeit steckt genauso in Worten. Als erstes fallen einem ‹Mausi› oder ‹Schätzchen› oder eigene, ganz persönliche Kosenamen ein. Liebeserklärungen und die meisten Komplimente zählen dazu, auch die eigene Form der Sprache, in der sich Verliebte gerne miteinander unterhalten. Denn nicht allein vom Inhalt der Worte hängt die Zärtlichkeit ab. Der Ton macht die Musik, und deshalb kann nahezu jeder beliebige Satz zärtlich klingen, wenn er mit sanfter, melodischer Stimme gesprochen wird. Zärtlichkeit liegt ebenso in manchen Handlungen. Wenn sie ihm sein Lieblingsessen kocht oder er ihr eine Decke bringt oder einen Tee macht, wenn sie niest und schnieft, ist das durchaus eine Form von Zärtlichkeit.

Die Psychologin Eva-Maria Küppers hat hierzu eine interessante Umfrage veröffentlicht:

Was Frauen mögen:	*Was Männer mögen:*
Komplimente über Dinge, die ihm an ihr besonders gefallen, z. B.: «Ich mag deine Grübchen, wenn du lachst», «Heute sind deine Augen besonders strahlend blau», «Dein Haar ist so schön	Lob und Bewunderung: «Das hast du toll gemacht.» Gemeinsam lachen. Eine Liebeserklärung ins Ohr flüstern.

weich», «In dem Kleid siehst du toll aus.»

Der Satz: «Ich liebe dich», ohne daß sie vorher fragen mußte: «Hast du mich noch so lieb wie früher?»

Kosenamen mit einem ‹mein› davor. «Mein Schätzchen», «mein Liebling», «meine Maus».

Zuhören und ihr so zeigen, daß er ihre Sorgen wirklich ernst nimmt.

Umarmungen nach dem Sex.

Mit ihren Haaren spielen.

Sie beim Spazierengehen in den Arm nehmen.

Ihr in die Augen schauen.

Vor dem Einschlafen ihre Hand festhalten.

Ihre Lippen mit einem Finger umkreisen.

Küsse nicht nur als Überleitung zum Sex. Besonders zarte Küsse aufs Ohrläppchen und die Schultern.

Im Bett sagen, was schön ist.

Seinen Nacken kraulen.

Küsse auf den Mund.

Die Hand auf sein Knie legen.

Seinen Kopf streicheln.

Die Hand in seinen Ärmel schieben.

Den Kopf an seine Schulter legen.

Frisch gewaschene Haare, ein hübsches Make-up – besonders wenn er das Gefühl hat, daß sie sich extra für ihn schön gemacht hat.

Eine Überraschung, wenn er nach Hause kommt, z. B. ein schönes Essen.

Ein gezieltes Kompliment, auch in einem unerwarteten Moment: «Das Hemd mochte ich schon immer an dir.»

Ihn anstrahlen: Schön, daß du da bist!

Eine liebe Nachricht auf dem

Ein liebevolles Umfassen der Schultern und ein Küßchen in den Nacken, wenn er ihr in den Mantel hilft.

Schmusen auch mal in der Öffentlichkeit.

Kleine Geschenke. Ein Strauß Blumen fürs Wochenende oder eine andere Überraschung, z. B. eine Platte mit ihrer Lieblingsmusik, wenn sie einen Abend allein ist.

Ein Anruf zwischendurch, der signalisiert: «Ich denk' an dich.»

Küchentisch, wenn er in die leere Wohnung kommt.

Verständnis für seine Interessen zeigen. Auch wenn sie für sein Hobby nichts übrig hat, wenigstens erkundigen «Wie war's denn?» und dann natürlich auch zuhören.

Viele Menschen haben in ihrem Elternhaus nie gesehen, daß der Vater die Mutter einmal liebevoll in den Arm genommen, daß die Mutter ihrem Mann mal zärtlich übers Haar gestrichen hätte. Wenn im Elternhaus keine Grundmuster erlernt wurden, auf welche Art und Weise Zärtlichkeiten ausgetauscht werden können, ist es oft sehr schwierig, sich später eigene Programme zu bilden. Deshalb wurden an unserem Institut Workshops zur Entwicklung seelischer Liebe und Zärtlichkeit eingerichtet. Dabei werden manchmal an einem Wochenende bis zu hundertsiebenundzwanzig Zärtlichkeitsvarianten erarbeitet. Jeder Teilnehmer wählt davon die aus, die zu seiner Persönlichkeit am besten passen. Jeder kann damit zu einer Königin oder zu einem König der Zärtlichkeit werden.

Indem man so imstande ist, viel Freude und Glück zu schenken, hat es auf die bestehende Beziehung eine entscheidende

Wirkung. Nicht nur die gesamte Persönlichkeit des Partners wird dadurch positiv beeinflußt, auch die Beziehung selbst wird harmonischer, steht auf festerem Fundament. Der Partner wird den Wunsch haben, dort zu bleiben, wo soviel Freude und Wonne herrschen. Viele Menschen leisten jedoch gegen die Ausbildung der Zärtlichkeitsanlagen vehementen Widerstand. Sie sagen: Das ist mir zu aufgesetzt, zu unnatürlich, zu künstlich! Das ist nicht echt! Das bin ich nicht!

Dazu folgende Überlegungen: Ist nicht auch die Hemmung in bezug auf Zärtlichkeit erlernt? Handelt es sich dabei nicht um ein falsch erlerntes Programm? Entsprechen die Zwangsrituale der Zärtlichkeit, die in den meisten Ehen und Familien vollzogen werden, der persönlichen Eigenart der Betreffenden? Sind Rolle und Norm etwas Eigenes? Das neue Programm, das es einzuüben gilt, ist etwas Gewachsenes, es wurde eine Entwicklung absolviert, man hat einen Lernprozeß vollzogen, man hat sich bemüht, man ist einen Weg gegangen. Es ist ein Programm, mit dem man sich identifizieren kann, das mit persönlichen Inhalten gefüllt ist. Es muß nun in die richtige Form gebracht werden. Nach allen Erfahrungen ist das beste Übungsfeld die Praxis des Lebens, die Begegnung mit dem vorhandenen oder möglichen Partner. Wie man als Fahrschüler nach dem theoretischen Unterricht in der ersten Fahrstunde noch nicht perfekt sein kann, so wird man sich auch als ‹Zärtlichkeitsschüler› anfangs noch etwas unsicher fühlen. Im Laufe der Zeit aber stellen sich die ersten Erfolgserlebnisse ein. Man findet zunehmend Freude daran, und die positiven Rückmeldungen signalisieren, daß man auf dem richtigen Wege ist. Das neue, eigene Programm geht mehr und mehr in Fleisch und Blut über und löst das alte Programm im Inneren der Seele ab. Endlich ist man fähig, ganze Abende voller Liebe, voller Wonne und voller Zärtlichkeit zu erleben. Das Fernsehprogramm rückt immer mehr in den Hintergrund, weil es mit der Freude, die das eigene Zärtlichkeitsprogramm zu schenken vermag, nicht mithalten kann.

VERANTWORTUNGS-FÄHIGKEIT

Verantwortungsfähigkeit ist gleichbedeutend mit der Fähigkeit, aus Erfahrung zu lernen; Rechtsfähigkeit; der Fähigkeit, Gesetzesinitiativen ins eigene Persönlichkeitssystem einzubringen; der Fähigkeit, sein eigener Richter zu sein; der Fähigkeit zur Kontrolle; der Fähigkeit, sich etwas bewußt zu machen; der Fähigkeit, Ordnung zu schaffen; der Fähigkeit zur Korrektur; der Fähigkeit, eigene Ziele zu formulieren und zu realisieren; der Fähigkeit zur Zeiteinteilung; der Fähigkeit, seine Lebenszeit konstruktiv zu nutzen; Konzentrationsfähigkeit; Durchhaltevermögen; der Fähigkeit zu Kontinuität und Ausdauer; Seriösität, Zuverlässigkeit; der Fähigkeit zur Treue.

Schattenseiten des Prinzips. Rechthaberei, Prinzipienreiterei, Schuldprojektion, Tendenz zur Maßregelung, Hemmung, Blockade.

Somatische Ebene: Kreuzschmerzen, Gliederschmerzen, Arthritis, Arthrose, Wirbelsäulenschäden, Knochenbrüche, Meniskusbeschwerden.

Sich verantwortlich zeigen bedeutet, daß man die Wirkungen der eigenen Ursachensetzung und die Antworten, die aus der Umwelt kommen, verantworten kann. Es bedeutet, daß man sich bewußt werden muß, daß diese Antworten Reaktionen auf eigenes Denken, Fühlen und Handeln sind und daß man infolgedessen bei entsprechender Veränderung der Ursachen die Chance hat, einen anderen Lauf des Schicksals zu erwirken.

Nur wer den Mut hat, Verantwortung zu übernehmen, kann die Fähigkeit zur Lebens- und Schicksalskorrektur erwerben. Auch macht es erst die Verantwortung möglich, aus Erfahrungen zu lernen und dauerhaften Erfolg zu erzielen. Eng mit der Verantwortungsfähigkeit ist das Recht verbunden, sein eigener Richter zu sein. Es ist ein Recht, das jedem von uns die Kontrolle über die eigenen Gedanken und Gefühle und das eigene Verhalten gibt. Je gründlicher unsere Erziehung uns manipuliert hat und je unsicherer wir sind, um so wahrscheinlicher ist es, daß wir diese Kontrolle anderen Menschen oder gar uns selbst nicht zuzugestehen wagen. Wer das Recht ausübt, sein eigener Richter zu sein, nimmt die Verantwortung für die eigene Existenz auf sich und entlastet andere. Für diejenigen Menschen, die Angst vor dem haben, was andere tun könnten, und daher eine Kontrolle für erforderlich halten, ist die Unabhängigkeit des anderen sehr beunruhigend. Sie glauben, daß sie selbst machtlos sind. Dieses Gefühl der Hilflosigkeit ist die Folge ihrer eigenen unsicheren Ansichten, Überzeugungen und Verhaltensformen, durch die ihr Bewältigungsvermögen geschädigt worden ist. Wenn jemand, zu dem sie in Beziehung stehen, nicht durch irgendeine externe Verhaltensregel kontrolliert wird, glauben sie, daß ihre eigenen Ziele, ja sogar ihr Wohlergehen von der Gnade und den Launen der ‹unkontrollierten› Person abhängen. Wenn wir tatsächlich daran zweifeln, daß wir der oberste Richter unseres eigenen Verhaltens sind, schreibt Manuel J. Smith in *Sage nein ohne Skrupel,* dann sind wir unfähig, ohne ein ganzes Arsenal von Verhaltensregeln unser Geschick zu lenken. Je unsicherer wir sind, desto größer ist ohne ein solches Korsett von willkürlichen Vorschriften unsere Angst. Wenn wir uns besonders unsicher und nervös fühlen, weil es für das Verhalten in einer bestimmten Situation keine Richtlinien gibt, erfinden wir so lange willkürliche Regeln, bis wir uns wieder sicher und nicht mehr bedroht fühlen.

Nach dem *Gesetz der Affinität* ist die Regierung in der Außenwelt ein Gleichnis für unsere innere Regierung. Wir haben also nicht nur die Judikative, sondern auch die gesetzgebende Gewalt, die Legislative in uns. Daher ist es wichtig, Gesetze zu verabschieden und Gesetzesinitiativen im Inneren unserer Seele einzubringen. Wer dies nicht tut, lebt weiter nach einer anachronistischen Moralvorstellung, die seine lebendigen Anlagen in ihrer Entfaltung blockiert. Die Bedeutung einer starken Opposition sowie einer großen Alternativbewegung im eigenen psychischen Land wird dadurch deutlich.

SCHLUSSWORT

Es gibt zweierlei Formen von Schuld: Schuld im Sinne von Verstößen gegenüber Moral und Konvention und Schuld gegenüber der eigenen Lebendigkeit und dem Leben allgemein. Wer sich ausschließlich nach den Gesetzen und Normen von Moral und Konvention richtet, verstößt gegen die Gesetze des Lebens. Er ‹versündigt› sich am eigenen Leben, an den Trieben, Gefühlen und Gedanken, an seiner seelischen Eigenart, an seiner Individualität. Aus diesem Grunde ist es notwendig, sämtliche Maßstäbe, Normen und Ideale, nach denen man bisher gelebt hat, aufzudecken, irreale Schuldgefühle abzulegen und sich die Gesetze des Lebens bewußtzumachen. Es geht darum, ein Gespür für das zu bekommen, was dem Leben gemäß ist und was nicht. An diesem Punkt wird man aufhören, die Schuld für ungünstiges Schicksal, für Krankheit, Leid und Tod dem Zufall, den Göttern oder anderen Menschen in die Schuhe zu schieben, sondern wird sich selbst dafür verantwortlich zeichnen. Wem es gelingt, veraltete Moralvorstellungen und irreale Maßstäbe und Normen aufzulösen, sich selbst zu erkennen und durch Ausbildung von Anlagen und Fähigkeiten seine Lebendigkeit zu fördern, der hat alle Chancen, ein langes und interessantes Leben voller Liebe und Glück zu erwirken.

ANHANG

Fähigkeiten des Menschen

Durchsetzungsfähigkeit
Selbstbehauptung
Entfaltung der eigenen Triebe

Abgrenzungs- und Genußfähigkeit
Fähigkeiten, ökonomisch zu denken
Fähigkeit, sich abzusichern
Fähigkeit, einen realen Eigenwert zu entwickeln

Kommunikationsfähigkeit
Fähigkeit, mit Technik umzugehen
Fähigkeit, sich einen eigenen Aktionsradius zu schaffen
Fähigkeit, sich frei zu bewegen

Fähigkeit, Zärtlichkeit zu schenken und zu empfangen
Fähigkeit, Geborgenheit zu schaffen und zu vermitteln

Fähigkeit, zu fühlen
Fähigkeit, sich in andere einzufühlen
Fähigkeit, die Stimme des Lebens zu hören
Fähigkeit, seine eigene Identität zu entdecken

Fähigkeit zur Selbständigkeit
Fähigkeit, schöpferisch zu sein
Fähigkeit zum natürlichen Umgang mit der Sexualität
Orgasmusfähigkeit
Handlungsfähigkeit
Managementfähigkeiten
Fähigkeit, unternehmerisch zu handeln

Wahrnehmungs- und Beobachtungsfähigkeit
Fähigkeit, analytisch zu denken
Fähigkeit, zusammenfassend zu urteilen
Kritikfähigkeit
Fähigkeit, Gefühle zu zeigen
Anpassungsfähigkeit
Fähigkeit, sein Wesen in seiner Arbeit auszudrücken
Reinlichkeit

Kontaktfähigkeit
Partner- und Begegnungsfähigkeit
Friedensfähigkeit
Erotische Fähigkeiten
Fähigkeit, einen eigenen Geschmack zu entwickeln und auszudrücken

Beziehungsfähigkeit
Fähigkeit, sich zu binden
Fähigkeit, Pläne und Konzepte zu entwickeln
Fähigkeit, sich eine eigene Meinung zu bilden
Fähigkeit, eigene Vorstellungen zu entwickeln
Fähigkeit, den eigenen Weg zu gehen
Fähigkeit, Macht über sich selbst zu gewinnen

Fähigkeit, ein eigenes Lebensprogramm zu entwerfen und danach zu leben

Fähigkeit zur Toleranz
Einsichtsfähigkeit
Fähigkeit zur eigenen Sinnfindung
Fähigkeit, eine eigene Weltanschauung und Lebensphilosophie zu entwickeln
Fähigkeit zur ständigen Weiterbildung
Fähigkeit, sich selbst zu fördern und zu beglücken

Fähigkeit, die eigenen Rechte zu entdecken und durchzusetzen
Fähigkeit, Verantwortung zu übernehmen
Fähigkeit, eigene Ziele zu entwickeln
Fähigkeit, nach den Lebensgesetzen zu leben
Fähigkeit, seine Berufung wahrzunehmen

Fähigkeit, sich zu emanzipieren und zu befreien
Fähigkeit zur Unabhängigkeit
Fähigkeit, seine Freizeit zu gestalten
Fähigkeit zur Mitbestimmung
Fähigkeit, für Abwechslung zu sorgen

Fähigkeit, Phantasie zu entwickeln
Fähigkeit, Überkommenes aufzulösen
Fähigkeit, Alternativen zu entwickeln
Fähigkeit, Verantwortung zu praktizieren
Fähigkeit, Hintergründe aufzudecken, zu entlarven

PERSÖNLICHKEITS-PROFIL

Über das Persönlichkeitsprofil, das nach den zwölf kosmischen Prinzipien geordnet ist, besteht die Möglichkeit, ein falsches (oder unrealistisches) Selbstbild zu erkennen und zu berichtigen sowie gegenseitige Projektionen aufzudecken. Hierzu ist es erforderlich, die nachfolgenden Seiten für seinen Partner oder für eine andere nahestehende Person zu kopieren. Bitte tätigen Sie dann bei all den Eigenschaften und Fähigkeiten dort ein Kreuz, wo Sie glauben, daß sie am ehesten Ihrer Persönlichkeit entsprechen. Wenn Sie sich z. B. als extrem willensstark empfinden, kreuzen Sie ganz links an, wenn Sie sich jedoch extrem willensschwach sehen, das rechte Kästchen. Die Kästchen dazwischen geben die einzelnen Nuancen an – je nach Selbsteinschätzung.

Daraus ergibt sich nun ein Persönlichkeitsprofil, d. h. es wird evident, ob man sich in den einzelnen Prinzipien mehr auf der Plus- oder mehr auf der Minusseite aufhält oder ob man sich vorwiegend in der Mitte befindet.

Der nächste Schritt wäre nun, daß der Partner oder Mitmensch die Kopie entsprechend ausfüllt, wie er Sie empfindet und einschätzt. Auf diese Art und Weise können Sie Diskrepanzen zwischen Ihrem Selbstbild und dem, wie andere Sie beurteilen, feststellen und daraus Konsequenzen ziehen.

WIDDER ♈

willensstark								willensschwach
egoistisch								altruistisch
aggressiv								nicht aggressiv
initiativ								initiativlos
sportlich								unsportlich
durchsetzungsfähig								durchsetzungsschwach
triebhaft								triebschwach
aktiv								passiv
wagemutig								feige
leicht erregbar								kaum erregbar
energisch								träge
kraftvoll								kraftlos
streitfähig								unfähig zu streiten
Pioniergeist								mangelnder Pioniergeist

STIER ♉

abgrenzungsfähig								schwache Abgrenzung
wirtschaftliche Fähigkeiten								unwirtschaftlich
Eigenraum beanspruchend								ohne Eigenraum
reich								arm
verschwenderisch								geizig
schlemmerhaft								asketisch
luxuriös								utilitaristisch
bodenständig								wurzellos
absichernd								mangelndes Sicherheitsstreben
Vorrat haltend								keine Vorratshaltung
Besitzstreben								kein Besitzstreben
Status- und Prestige- (-Streben)								Status- und Prestigelosigkeit (kein Streben danach)
hoher Eigenwert								schwacher Eigenwert
finanziell gesichert								finanziell ungesichert
gesellig								nicht gesellig

ZWILLING ♊

sprachbegabt								sprachgehemmt
großer Wortschatz								kleiner Wortschatz
beweglich, reiche Gestik und Mimik								unbeweglich, ohne Gestik und Mimik
fähig, zu handeln und Geschäfte zu machen								unfähig für Handel und Geschäft
Fremdsprachen								keine Fremdsprachen
hochdeutsch								Mundart
informiert								nicht informiert
intellektuell								Analphabet
technische Fähigkeiten								technisch unbegabt
praktische Fähigkeiten								praktisch unbegabt
mathematische Fähigkeiten								mathematisch unbegabt
schriftgewandt								schwache schriftliche Ausdrucksfähigkeit
körperliche Ausdrucksfähigkeit								schwache körperliche Ausdrucksfähigkeit
lernfähig								mangelnde Lernfähigkeit
kommunikationsfähig								mangelnde Kommunikationsfähigkeit
diskussionsfähig								nicht diskussionsfähig
Fähigkeit nachzuvollziehen								unfähig, etwas nachzuvollziehen
naturwissenschaftlich begabt								naturwissenschaftlich unbegabt
interessiert								interesselos

KREBS ♋

in sich geborgen								in sich ungeborgen
seelische Wärme ausstrahlend								seelische Kälte ausstrahlend
seelische Eigenart (Identität)								normgemäße Seele (identitätslos)
empfindungsfähig								empfindungslos
starkes Bedürfnis nach Zärtlichkeit								kein Bedürfnis nach Zärtlichkeit
fähig, Zärtlichkeit zu geben								unfähig, Zärtlichkeit zu geben
psychologisch interessiert								psychologisch uninteressiert
familiär								nicht familiär
fähig, den Haushalt zu führen								unfähig, den Haushalt zu führen
Meisterkoch, Meisterköchin								in der Kochkunst nicht bewandert
Heimat								heimatlos
gefühlvoll								gefühllos
gläubig								ungläubig
gewährend								nicht gewährend
hingabefähig								hingabegestört
lebendig								unlebendig
Fähigkeit zu Intimität								unfähig zu Intimität
natürlich								unnatürlich
oral liebesfähig								unfähig zur oralen Liebe
Hören der Stimme des Lebens								verschüttete Stimme des Lebens
zufrieden								unzufrieden
sich selbst annehmend								sich selbst nicht annehmend
Fähigkeit, andere anzunehmen								unfähig, andere Menschen in ihrem Sosein anzunehmen
weiblicher Anteil integriert								weiblicher Anteil nicht integriert
instinktiv								verlorener Instinkt
sozial								unsozial
volkstümlich								nicht volkstümlich
musikalisch								unmusikalisch

LÖWE ♌

erlebnishungrig								ohne Drang, etwas zu erleben
selbständig								unselbständig
selbstbewußt								schwaches Selbstbewußtsein
orgasmusfähig								Orgasmusschwäche
sexuelle Fähigkeiten								unfähig, den Akt der Sexualität befriedigend zu gestalten
fähig, etwas zu verwirklichen								unfähig, etwas zu verwirklichen
handlungsfähig								handlungsgelähmt
kinderlieb								kinderfeindlich
pädagogische Fähigkeiten								keine pädagogischen Fähigkeiten
spontan								Spontaneitätsverlust
kreativ								unkreativ
souverän								nicht souverän
verspielt								unfähig zu spielen
prahlerisch (geltungshungrig)								bescheiden
gestalterische Fähigkeiten								keine gestalterischen Fähigkeiten
emotional								emotionslos
seelisch bindungsfähig								seelisch nicht bindungsfähig
unternehmerisch								schwacher Unternehmungsgeist
starker Ausgehdrang								kein Drang auszugehen
ballhungrig								keine Beziehung zu Ballspielen
starke Lebenskraft								schwache Lebenskraft

JUNGFRAU ♍

arbeitssam (fleißig)								faul
anpassungsfähig								mangelnde Anpassungsfähigkeit
sauber								schmutzig
analytische Fähigkeiten								keine analytischen Fähigkeiten
wahrnehmungsfähig								unfähig zur Wahrnehmung
nutzend								nicht nutzend
verwertend								nicht verwertend
diagnostische Fähigkeiten								keine diagnostischen Fähigkeiten
fähig, Gefühle zu zeigen								unfähig Gefühle zu zeigen
Artikulationsfähigkeit								nicht artikulationsfähig
fähig, sein eigenes Wesen in der Arbeit auszudrücken								unfähig, sein eigenes Wesen in der Arbeit auszudrücken
gewerkschaftlich								gegen die Gewerkschaft eingestellt

WAAGE ♎

attraktiv								nicht attraktiv
ausgeglichen								unausgeglichen
verführerisch								nicht verführerisch
taktvoll								taktlos
strategisch								nicht strategisch
erotisch								unerotisch
geschmackvoll								geschmacklos
voller Ideen								ideenlos
reich an Kontakten								kontaktarm
gutriechend								nicht gut riechend
wählerisch								nicht wählerisch
glücklich								unglücklich
Fähigkeit, Freude zu schenken								unfähig, Freude zu schenken
fähig, sich zu freuen								unfähig, sich zu freuen
liebesfähig								unfähig zu lieben
modisch								unmodisch
friedensfähig								unfähig, Frieden zu schließen
kompromißfähig								unfähig zum Kompromiß
fähig zu Amüsement, Vergnügen und Wohlleben								unfähig zu Amüsement, Vergnügen und Wohlleben
ästhetisch								unästhetisch
Charme								ohne Charme
elegant								nicht elegant
sympatisch								unsympatisch
partnerfähig								nicht partnerfähig
fähig, Inhalt und Form in Einklang zu bringen								unfähig, Inhalt und Form in Einklang zu bringen

SKORPION ♏

dominant								nicht dominant
geil								nicht geil
vorstellungsgebunden								ohne Vorstellung
fanatisch								nicht fanatisch
fixiert								nicht fixiert
wandlungsfähig								nicht wandlungsfähig
beziehungsfähig								nicht beziehungsfähig
unterdrückend								nicht unterdrückend
autoritär								nicht autoritär
machtvoll								machtlos
eigene Meinung								keine eigene Meinung
dogmatisch								undogmatisch
erdrückend								nicht erdrückend
brutal								nicht brutal
reicher geistiger Besitz								arm an geistigem Besitz
leidenschaftlich								ohne Leidenschaft
leitbildhaft								ohne Leitbild
prinzipiell								ohne Prinzipien
hypnotisch								keine hypnotische Ausstrahlung
den eigenen Weg gehend								den Weg der Masse beschreitend
weißer Magier								schwarzer Magier
geistig sicher								geistig unsicher
fähig, das Glück zu festigen								unfähig, Glück zu festigen
zwanghaft								zwanglos
tyrannisch								nicht tyrannisch
therapeutische Fähigkeiten								keine therapeutischen Fähigkeiten

SCHÜTZE ♐

gebildet								ungebildet
religiös								atheistisch
fähig, seine Gedanken und Ideen auszudrücken								unfähig, seine Gedanken und Ideen auszudrücken
geistvoll								geistlos
reisefreudig								keine Lust zu reisen
einsichtsfähig								uneinsichtig
andere fördernd								andere nicht fördernd
fähig, eine Partnerschaft weiterzuentwickeln								unfähig, eine Partnerschaft weiterzuentwickeln
fähig, einen Sinn zu finden								sinnlos
andere lobend								andere nicht lobend
tolerant								intolerant
fähig, das Glück auszubauen								unfähig, das Glück auszubauen
fähig, etwas zu verbessern (und optimaler zu gestalten)								unfähig, etwas zu verbessern

STEINBOCK ♑

verantwortungsfähig								unfähig, Verantwortung zu übernehmen
gehemmt								nicht gehemmt
ehrgeizig								ohne Ehrgeiz
die eigenen Rechte durchsetzend								die eigenen Rechte nicht durchsetzend
bewußt								unbewußt
ordentlich								schlampig
ernst								nicht ernst
moralisch								unmoralisch
vergangenheitsbezogen								nicht vergangenheitsbezogen
vollkommen								unvollkommen
abwehrend								nicht abwehrend
anerkannt								nicht anerkannt
anständig								unanständig
belehrend								nicht belehrend
ausdauernd								nicht ausdauernd
idealistisch								ohne Ideale
keusch								unkeusch
Streben nach Karriere								kein Streben nach Karriere
konzentriert								unkonzentriert
konservativ								nicht konservativ
strafend								nicht strafend
traditionell								traditionslos
treu								untreu
starkes Mittelpunktstreben								schwaches Mittelpunktstreben
maßregelnd								nicht maßregelnd

WASSERMANN ♒

originell								nicht originell
individualistisch								nicht individualistisch
freiheitlich								nicht freiheitlich
neophil								nicht neophil
unabhängig								abhängig
sprunghaft								nicht sprunghaft
progressiv								nicht progressiv
revolutionär								nicht revolutionär
auflehnend								nicht auflehnend
nervös								nicht nervös
fähig, Abwechslung ins eigene Leben zu bringen								unfähig, Abwechslung ins eigene Leben zu bringen
fähig, andere zu überraschen								unfähig, andere zu überraschen
zu Unfällen neigend								nicht zu Unfällen neigend
provozierend								nicht provozierend
emanzipiert								nicht emanzipiert
exzentrisch								nicht exzentrisch
fähig, Chancen wahrzunehmen								unfähig, Chancen wahrzunehmen
erfinderisch								nicht erfinderisch
extravagant								nicht extravagant
fähig zu gemeinsamen Unternehmungen								unfähig zu gemeinsamen Unternehmungen
fähig zur Mitbestimmung								unfähig, mitzubestimmen
intuitiv								ohne Intuition
fähig, etwas zu verändern								unfähig, etwas zu verändern
trotzig								nicht trotzig
Konventionen sprengend								keine Konventionen sprengend
überlegen								nicht überlegen
trendgerecht								Trends nicht beachtend

FISCH ♓

chaotisch								nicht chaotisch
degeneriert								nicht degeneriert
ängstlich								nicht ängstlich
beeinflußbar								unbeeinflußbar
süchtig								ohne Sucht
lügnerisch								ehrlich
einsam								nicht einsam
andere entwertend								andere nicht entwertend
helfend								nicht helfend
still								laut
zweifelnd								nicht zweifelnd
unsicher								sicher
ausgeflippt								etabliert
paranoid								nicht paranoid
mystisch								nicht mystisch
unangepaßt								angepaßt
phantasievoll								phantasielos
schwach								nicht schwach
illusorisch								ohne Illusionen
Intrigen spinnend								keine Intrigen spinnend
wehleidig								nicht wehleidig
geheimnisvoll								ohne Geheimnisse
voller Hoffnung								hoffnungslos
träumerisch								nüchtern
fähig, Hintergründe aufzuspüren								unfähig, Hintergründe aufzuspüren
fähig, nach den kosmischen Gesetzen zu leben								unfähig, nach den kosmischen Gesetzen zu leben
fähig, Überkommenes aufzulösen								unfähig, Überkommenes aufzulösen
fähig, die eigenen Rechte und die eigene Verantwortung auszudrücken								unfähig, die eigenen Rechte und die eigene Verantwortung auszudrücken

BIBLIOGRAPHIE

Bornemann, Ernest: *Das Patriarchat,* Frankfurt am Main 1979.

Cialdini, Robert: *Einfluß,* Landsberg am Lech 1987.

Groddeck, Georg: *Das Buch vom Es,* Berlin 1988.

Le Shan, L.; Worthington, E. R.: Personality as a factor of pathogenesis of cancer. A review of the literature; in Br. J. med. Psychol. *29* (1956).

Mulford, Prentice: *Der Unfug des Lebens und des Sterbens,* Stuttgart 1973.

Phillips, D. P.: *The influence of suggestion on suicide. Substantive and theoretical implications of the Werther effect.* Am. Sociological Review *39* (1974).

Smith, Manuel J.: *Sage Nein ohne Skrupel,* Reinbek 1979.

Totman, Richard: *Was uns krank macht,* München 1982.

Vester, Frederik: *Unsere Welt – ein vernetztes System,* München 1983.

Hermann Meyer:

- *Astrologie und Psychologie – eine neue Synthese,* Reinbek 1986.
- *Partnerschaft, Gesundheit und Glück,* München 1988.
- *Die neue Sinnlichkeit,* München 1987.
- *Befreiung vom Schicksalszwang – Astropsychotherapie,* Zürich 1988.
- *Gesetze des Schicksals,* Basel 1989.

DER AUTOR

Hermann Meyer, Astrologe, Psychologe und Schicksalsforscher, gilt als einer der profiliertesten Vertreter einer tiefenpsychologisch orientierten Astrologie. Er leitet das Institut für psychologische Astrologie in München und ist Ausbildungsleiter für psychologische Astrologen. Hermann Meyer hat bereits zwölf Bücher veröffentlicht. Mit seinen Sachbüchern *Astrologie und Psychologie, Die neue Sinnlichkeit, Gesetze des Schicksals* und *Jeder bekommt den Partner, den er verdient* ist er einem großen Leserkreis bekannt geworden.

Der Autor führt Kurse in verschiedenen Städten der Bundesrepublik, Österreichs und der Schweiz durch. Wer sich dafür interessiert, kann sich an folgende Adresse wenden:

Institut für psychologische Astrologie

Sendlinger Straße 28
80331 München
Telefon: 0 89/2 60 88 42 (9–13 Uhr)